AF290004

THE
BIG BLACK
BUCKET BOYS BOOK

Published by
tredition GmbH
Halenreie 40-44, 22359 Hamburg, Germany

ISBN:
Paperback 978-3-347-16112-2
Hardcover 978-3-347-16113-9
E-Book   978-3-347-16114-6

Transcription by Helge Lange

Welcome to the one and only BUCKET BOYS songbook.
Here you'll find more than 40 songs of these DESERT DESPERADOS.

All these thoughts and songs are available on **www.Bucket-Boys.com**.

Here you can get all records and additional information.
More you'll find on SPOTIFY, YOUTUBE, I-TUNES, ...

Feel free to play THE SOUND OF DESERT AND DUST - and try to reach the original tune.
But maybe you are lookin' for more. Then try to feel the spirit of these songs and make them become your own.

And never forget SANTOS DELGADO.....

THE SONGS

APRIL, MAY AND JUNE
BALLADS'N'BULLETS * BELLA
BILLY THE BUTCHER * BITCH GIRL
BLACK COFFIN * COME A LITTLE BIT CLOSER
CORAZON * DEAD, FORGOTTEN, FAR AWAY
DONKEY * DON'T YOU KNOW WHAT LOVE IS
FELT THIS WAY * GOIN' HOME
GROTTY WAG * HANG ME HIGH
HANGIN' AROUND * HANK THE KNIFE
HE IS KILLING ME * IT FEELS LIKE * KILLER
LADY BLUE * LAST CHRISTMAS
LITTLE WILLY * LONELY HEART * LOOK
LOUP-GAROU * LOVE, HATE AND TEARS
ON THE RUN * PRAYER * REST IN HEAT
RIVER * ROAD TO PERDITION * ROSANNA
SADNESS * SAIL AWAY * SANTA MUERTE
SHE WAS KISSIN' * 600 MILES
SPANISH SUN * TAKE MY HANDS
TAKE YOUR SUITCASE * TEQUILA
TOO FAR AWAY * TOO SOON * TRUE LOVE
WHAT I DO TO YOU TONIGHT * WILD ROSES
WON'T YOU BE

APRIL, MAY AND JUNE

Words & Music by

H. LANGE

Intro: **Dbm**

Chorus: **Dbm**   **Gb**
    APRIL, MAY AND JUNE THEY ARE ALLRIGHT
    Dbm   **B**
    BUT THEY ARE OUT OF TUNE TONIGHT
     Dbm   **Gb**
    THEY'RE WALKIN' ON HIGH HEELS INTO TOWN
    A   **Ab**
    AND IF THEY CROSS YOUR WAY TODAY
    A   **Ab**
    LEAVE THIS PLACE, DON'T TRY TO STAY
      A   **Ab**   **Dbm**
    'CAUSE WHEN THEY GET YOU, THEY'LL PUT YOU DOWN

Dbm   **A**
THE TAYLOR LADIES LIVED TO ME NEXT DOOR
  Dbm   **Ab**
THEIR FATHER WAS A SAILOR, THEIR MOTHER WAS A WHORE
Dbm   **A**
EVERYBODY LOVED THESE SPRINGTIME GIRLS
  Dbm   **Ab**
THEIR GRANDPA WAS A FARMER, GRANNY WORKED AT THE STORE

   Gb   **Dbm**
  BUT EVERY FRIDAY NIGHT THEY GOT A FEVER
   Gb   **Dbm**
  FAST BUMPIN' HEARTS, BODIES GETTIN' HOT
   Gb   **Dbm**
  AND WHEN THEY GOT THIS EVERY WEEKEND FEVER
   A   **Ab** **Dbm**
  YOU CAN'T ESCAPE, IF YOU WANT IT OR NOT

  Dbm   **A**
THIS STORY STARTED JULY 62
  Dbm   **Ab**
WHEN APRIL AND JUNE FELT A LITTLE BIT TOO BLUE
Dbm   **A**
MAY SAID: COME ON, LET'S GO TO TOWN
  Dbm   **Ab**   **Dbm**
AND SO THESE GIRLS WERE WOMEN ALL AROUND

                Gb   Dbm
AND EVERY FRIDAY NIGHT THEY GOT A FEVER
                Gb   Dbm
FAST BUMPIN' HEARTS, BODIES GETTIN' HOT
                Gb   Dbm
AND WHEN THEY GOT THIS EVERY WEEKEND FEVER
                A   Ab   Dbm
YOU CAN'T ESCAPE, IF YOU WANT IT OR NOT

Chorus: Dbm   Gb
            APRIL, MAY AND JUNE THEY ARE ALLRIGHT
                    Dbm   B
            BUT THEY ARE OUT OF TUNE TONIGHT
                    Dbm   Gb
            THEY'RE WALKIN' ON HIGH HEELS INTO TOWN
            A   Ab
            AND IF THEY CROSS YOUR WAY TODAY
            A   Ab
            LEAVE THIS PLACE, DON'T TRY TO STAY
                    A   Ab   Dbm
            'CAUSE WHEN THEY GET YOU, THEY'LL PUT YOU DOWN

Solo: Dbm   B Cdim   Dbm   :||

                Gb   Dbm
AND EVERY FRIDAY NIGHT THEY GOT A FEVER
                Gb   Dbm
FAST BUMPIN' HEARTS, BODIES GETTIN' HOT
                Gb   Dbm
AND WHEN THEY GOT THIS EVERY WEEKEND FEVER
                A   Ab   A   Ab
YOU CAN'T ESCAPE IF YOU WANT IT, OR IF YOU WANT IT NOT

Chorus: Dbm   Gb
            APRIL, MAY AND JUNE THEY ARE ALLRIGHT
                    Dbm   B
            BUT THEY ARE OUT OF TUNE TONIGHT
                    Dbm   Gb
            THEY'RE WALKIN' ON HIGH HEELS INTO TOWN
                    A   Ab
            AND IF THEY CROSS YOUR WAY TODAY
            A   Ab
            LEAVE THIS PLACE, DON'T TRY TO STAY
                    A   Ab   Dbm
            'CAUSE WHEN THEY GET YOU, THEY'LL PUT YOU DOWN

published 2015 on THOUGHTS ON AN ELECTRIC CHAIR (BM 1115),

2016 on LIVE AT DE PUL (BM 1216)

BOGEYMAN MUSIC - BISHOPS AGENCY

BALLADS'N'BULLETS

Words & Music by

H. LANGE

<pre>
Intro: C#m   B   A   B   (C°)   ://

            C#m   B
BALLADS 'N' BULLETS - IT'S THE STORY OF MY LIFE
A   E   B
GAMBLIN' WITH LADIES - BLUE GIRLS, SHARP KNIFES
C#m   B
ESCAPE FROM MY HOMETOWN - TO CHEAT IS OVER NOW
A   E   B
LEFT MY RIGHT BABY - DON'T KNOW WHERE TO GO

  A   B   C#m   B   Asus9
  WHY DON'T YOU FORGIVE ME - IT WAS SO HARD TO LIVE SO FAR

Interlude: C#m   B   A   B   C°

              C#m   B
I TELL 'BOUT MISUNDERSTANDING - AND I HAVE TO HURRY NOW
              A   E   B
WHY IS THIS PURSUIT NEVER ENDING - WHY IS THERE NO DOUBT
C#m   B
THESE LOVELY GIRLS IN MY NECK ARE CALLIN' ME A SINNER
          A
I FEEL SHARP STEEL IN MY BACK
             E   B
THEY'RE HUNTING ME FOR DINNER

  A   B   C#m   B   Asus9
  WHY DON'T THEY FORGIVE ME - I LOVED EACH OF THEM

C#m/add9   F#7/11   Aadd9
  EVERY TIME I SEE A GIRL - GOOD LOOKIN' LADY
C#m/add9   F#7/11   Aadd9
  I THINK ABOUT HOW GETTIN' HER - SHE LOVES ME MAYBE
C#m/add9   F#7/11   Aadd9
  I LOSE MY MIND - I ONLY NEED TO FEEL HER TOUCH ON MY SKIN
C#m/add9   E   F#7/11
  I NEED THIS BABY IN MY ARMS - TO GET DEEP IN

Solo: C#m   B   A   E   B
            BALLADS 'N' BULLETS
            C#m   B   A   B
            BALLADS 'N' BULLETS
</pre>

C#m   **B**
BALLADS 'N' BULLETS - THE PASSION OF MY LIFE
A   **E**   **B**
CARS FULL OF PISTOLS - PITCHFORKS AND KNIFES
C#m   **B**
BALLADS 'N' BALLADS 'N' BULLETS - I FEEL THEM IN MY BACK
                   A   **E**   **B**
THEY'RE HUNTIN' - NO MERCY - AND SOON THEY'LL ATTACK

A   **B**
DO YOU THINK THEY'LL FORGIVE ME?
       C#m   **B**   **Asus9**
I'M IN FEAR 'CAUSE I DON'T KNOW

BELLA

Words & Music by

H. LANGE

Intro: **C#m**

```
  C#m                                      F#      E      F#
      I STAB A GIRL, HER NAME IS BELLA
  C#m                                      F#      E      F#
      SHE IS MOST BEAUTIFUL IN TOWN
  C#m                                        F#      E      F#
      I'VE NEVER SEEN A GIRL LIKE BELLA
  C#m                                    F#      E      F#
      SHE IS A DREAM  -  SHE IS AT HOME
  A           B              C#m
      NOW I RING HER BELL
  A           B              C#m
      I'LL BRING HER HELL


  C#m                                    F#      E      F#
      I STEP INSIDE AND I SEE BELLA
  C#m                                              F#      E      F#
      HER BEAUTIFUL FACE WITH FRIGHTENED EYES
  C#m                                          F#      E      F#
      I SHOW MY KNIFE "IT'S FOR YOU, BELLA"
  C#m                                          F#      E      F#
      SHE CRIES SO LOVELY WHEN SHE DIES
  A           B              C#m
      HER BLOOD LIKE JELLY
  A           B
      MY KNIFE IN HER BELLY
```

Chorus:
```
            C#m   Aadd9       F#m7/11         F#7/11
            BELLA  -  SHE'S MY GIRL, SHE'S MY GIRL, SHE'S MY
            C#m   Aadd9       F#m7/11         F#7/11
            BELLA  -  SHE'S A BEAUTY, IT'S MY DUTY, SHE'S MY
            C#m   Aadd9       F#m7/11         F#7/11
            BELLA  -  SHE'S MY GIRL, SHE'S MY GIRL, SHE'S MY
            C#m   Aadd9       F#m7/11         F#7/11
            BELLA
                              C#m
            AND NOW SHE'S DEAD


  C#m                                      F#      E      F#
      I STAB A GIRL, HER NAME IS BELLA
  C#m                                            F#      E      F#
      SHE IS MOST BEAUTIFUL IN THIS LITTLE TOWN
```

```
C#m                                      F#    E    F#
    I'VE NEVER SEEN A GIRL LIKE BELLA
C#m                                           F#    E    F#
    SHE IS A DREAM AND THE DREAM IS AT HOME
A       B             C#m
    NOW I RING HER BELL
A          B
    I'LL BRING HER HELL
```

```
Chorus:    C#m   Aadd9       F#m7/11       F#7/11
           BELLA  -  SHE'S MY GIRL, SHE'S MY GIRL, SHE'S MY
           C#m   Aadd9        F#m7/11       F#7/11
           BELLA  -  SHE'S A BEAUTY, IT'S MY DUTY, SHE'S MY
           C#m   Aadd9        F#m7/11       F#7/11
           BELLA  -  SHE'S MY GIRL, SHE'S MY GIRL, SHE'S MY
           C#m   Aadd9        F#m7/11       F#7/11
           BELLA
           C#m   Aadd9        F#m7/11       F#7/11
           BELLA  -  SHE'S MY GIRL, SHE'S MY GIRL, SHE'S MY
           C#m   Aadd9        F#m7/11       F#7/11
           BELLA  -  SHE'S A BEAUTY, IT'S MY DUTY, SHE'S MY
           C#m   Aadd9        F#m7/11       F#7/11
           BELLA  -  SHE'S MY GIRL, SHE'S MY GIRL, SHE'S MY
           C#m   Aadd9        F#m7/11       F#7/11
           BELLA
                            C#m
           AND NOW SHE'S DEAD
```

BILLY THE BUTCHER

Words & Music by

H. LANGE

```
Intro:      Bbm        Cm7/add11      F7          Bbm    :// 4x

Bbm                                    Ab
SWEET JUANITA WAS LEAVIN' HER HOME
Ab                                     Bbm
WHEN SHE MET BILLY, THE BOY WAS UNKNOWN
Bbm                                    Ab
SHE STOPPED IN FRONT OF THAT BEAUTIFUL GUY
Ab                   Gb   Ab
TURNIN' HIS HEAD, WHY WAS HE SO SHY?

Bbm        Cm7/add11      F7          Bbm     ://

Bbm                                    Ab
ONE LITTLE TEARDROP SHE SAW IN HIS FACE
Ab                   Gb   Ab   Bbm
ONE LITTLE KISS SHE WANTED TO TASTE
Bbm                                    Ab
BILLY CAME CLOSER, SHE TOOK HIS HANDS
  Ab                        Gb   Ab   Bbm
SHE KNEW SHE WOULD LOVE HIM TILL LIFE ENDS

Bridge:     Eb              Bbm
            SWEET JUANITA – THE LAST GIRL HE SAW
               Ab        Bbm
            BEFORE HE DIED ALONE
            Eb                    Bbm
            BILLY THE BUTCHER WAS FEELIN' SO COLD
               Ab              Gb   Ab
            HIS HEART WAS LIKE A STONE

Bbm        Cm7/add11      F7          Bbm     :// 4x
                                      LIKE A STONE (first time)

Bbm                                         Ab
THEY CALLED HIM BUTCHER BECAUSE OF HIS JOB
Ab                                          Bbm
HE KILLED 16 PEOPLE, AT LAST HE KILLED A COP
  Bbm                              Ab
BUT ONE LONELY BULLET STROKED HIS BACK
  Bbm                   Gb   Ab   Bbm
ONE LITTLE BLOODY HOLE IN HIS NECK
```

Bridge: **Eb**   **Bbm**
SWEET JUANITA – THE LAST GIRL HE SAW
   Ab   **Bbm**
BEFORE HE DIED ALONE
Eb   **Bbm**
BILLY THE BUTCHER WAS LOVED BY THIS WHORE
    Ab   **Gb** **Ab**
BUT HIS HEART WAS LIKE A STONE

Chorus: **Bbm** **Eb**   **Ab** **Gb**
BILLY THE BUTCHER WAS DIEIN' ALONE
Bbm **Eb** **Ab** **AB/A**
ONE LITTLE LADY CRIED
Bbm **Eb**   **Ab** **Gb**
BILLY THE BUTCHER HAD NEVER A HOME
  F **Gb** **Ab** **Gb**
SHE MET HIM WHEN HE DIED
Bbm **Eb**   **Ab** **Gb**
BILLY THE BUTCHER A BEAUTIFUL FACE
 Bbm **Eb** **Ab** **Ab/A**
AT WORK HE WAS SO COLD
Bbm   **F**   **Ab** **Gb**
BILLY THE BUTCHER LOST TOO MANY DAYS
   F
CAUSE A BUTCHER WON'T GET OLD

Solo: **Bbm**   **Cm7/add11**   **F7**   **Bbm** *:// 8x*

Chorus: **Bbm**   **Cm7/add11**   **F7** **Bbm**
BILLY THE BUTCHER WAS DIEIN' ALONE
Bbm **Eb** **Ab** **AB/A**
ONE LITTLE LADY CRIED
Bbm **Eb**   **Ab** **Gb**
BILLY THE BUTCHER HAD NEVER A HOME
  F **Gb** **Ab** **Gb**
SHE MET HIM WHEN HE DIED
Bbm **Eb**   **Ab** **Gb**
BILLY THE BUTCHER A BEAUTIFUL FACE
 Bbm **Eb** **Ab** **Ab/A**
AT WORK HE WAS SO COLD
Bbm   **F**   **Ab** **Gb**
BILLY THE BUTCHER LOST TOO MANY DAYS
   F
CAUSE A BUTCHER WON'T GET OLD

Outro: **Bbm**   **Cm7/add11**   **F7**   **Bbm** *://*

published 2015 on THOUGHTS ON AN ELECTRIC CHAIR (BM 1115)
BOGEYMAN MUSIC - BISHOPS AGENCY
ALL RIGHTS RESERVED

BITCH GIRL

Words & Music by

H. LANGE

Intro: **Bm**   **D**   **E**   :// 4x

Bm   **D**   **E**   **Bm**   **D**   **E**
SHE IS LIEIN' IN MY GRAVE
       Bm   **D**   **E**   **Bm** **D E**
WHAT THE HELL IS SHE DOIN' THERE - I ASK MY NEIGHBOUR DAVE
Bm   **D**   **E** **Bm**   **D** **E**
SHE WANTS TO GET YOU AS A SLAVE
    Bm   **D**   **E**   **Bm** **D E**
HE TOLD ME AT THE BARBER SHOP - WHERE WE GOT ANOTHER SHAVE

Bridge: **Gadd13**   **Em**   **Bm**   **D** **E** **D**
    BUT I PREFER TO DIE ALONE
       Gadd13   **Em**   **Bm**   **D C# C Bm**
    SHE HAS TO LEAVE MY LONELY HOME

Bm   **D**   **E**   **Bm**   **D**   **E**
AND I TALKED TO HER: GET OUT OFF MY COFFIN
   Bm   **D**   **E**   **Bm** **D** **E**
I'M SLEEPIN' HERE ALONE FOR MORE THAN THOUSAND YEARS
Bm   **D**   **E** **Bm**   **D** **E**
BABY LEAVE THIS PLACE - I DON'T WANT TO BE WITH YOU
   A   **G**   **A** **Bm** **D** **E** **D**
SHE LOOKS INTO MY EYES AND I'M GETTIN' FEAR

Bridge: **Gadd13**   **Em**   **Bm**   **D** **E** **D**
    BUT I PREFER TO DIE ALONE
       Gadd13   **Em**   **Bm** **A** **E**
    SHE HAS TO LEAVE MY LONELY HOME

Chorus: **Bm** **G**   **D**   **A**
I'M A RICH GIRL AND I NEED A MAN
Bm   **D** **G**   **A**
I JUST WANNA TAKE YOU IF I CAN
Bm **G**   **D**   **A**
I'M NO BITCH GIRL - I JUST NEED SOME LOVE
G   **Bm**   **E**   **A** **A#°**
AND WITH ALL MY MONEY I COULD BUY THIS DOVE

Interlude: **Bm**   **D** **E** **Bm**   **D** **E** *://*

Solo: **Bm**   **D** **E** **Bm**   **D** **E** *://*

Bm   **D** **E**   **Bm**   **D** **E** *:// 3x*
BITCH GIRL - GET OUT OF THIS PLACE

½ Bridge: **Gadd13**   **Em**   **Bm**
 SHE HAS TO LEAVE HIS LONELY HOME

Chorus: **Bm** **G**   **D**   **A**
I'M A RICH GIRL AND I NEED A MAN
Bm   **D** **G**   **A**
I JUST WANNA TAKE YOU IF I CAN
Bm **G**   **D**   **A**
I'M NO BITCH GIRL - I JUST NEED SOME LOVE
G   **Bm**   **E** **A** **A#°**
AND WITH ALL MY MONEY I COULD BUY THIS DOVE
Bm** **G**   **D**   **A
I'M A RICH GIRL AND I NEED A MAN
Bm   **D** **G**   **A**
I JUST WANNA TAKE YOU IF I CAN
Bm **G**   **D**   **A**
I'M NO BITCH GIRL - I JUST NEED SOME LOVE
G   **Bm**   **E** **A** **A#°**
AND WITH ALL MY MONEY I COULD BUY THIS DOVE

Bm   **D** **E** **Bm**   **D C# C Bm**

BLACK COFFIN

Words & Music by

H. LANGE

Intro: **Dbm**

     Dbm   **A**
EVERY MORNING WHEN I LEAVE MY BED
  Gb   **Dbm**
MY MIND IS CLOSED AND DARK
  Dbm   **A**
BEHIND THE DOORS THE SUN COMES UP
    Gb   **Dbm**
BUT I ONLY SEE IT AS A LITTLE SPARK
       B   **A**
WHEN I TURN MY HEAD - I SEE NEXT TO MY BED
      B   **A**   **Dbm**
THIS SIGN OF DEAD - AND I GET AFRAID

Dbm   **A**   **Gb**   **Dbm** *://*
NANANANA (…)
      B   **A**
WHEN I TURN MY HEAD - I SEE NEXT TO MY BED
      B   **A**   **Dbm**
THIS SIGN OF DEAD - AND I GET AFRAID

Chorus: **E**
BLACK COFFIN IN THE CORNER
      Dbm
IT IS STANDIN' NEXT TO ME
       Abm
BLACK SHADOW IN MY BEDROOM
     A
BUT I DON'T HAVE THE KEY
      E
BLACK COFFIN IN THE CORNER
       Dbm   **D**
I DON'T KNOW THE REASON WHY
      Ab   **Dbm**
BLACK COFFIN – I JUST NEED YOU WHEN I DIE

     Dbm   **A**
EVERY MORNING WHEN I LEAVE MY BED
  Gb   **Dbm**
MY MIND IS CLOSED AND DARK
  Dbm   **A**
BEHIND THE DOORS THE SUN COMES UP

```
Gb                    Dbm
BUT I ONLY SEE IT AS A LITTLE SPARK
          B                        A
WHEN I TURN MY HEAD - I SEE NEXT TO MY BED
        B              A     B     Dbm
THIS SIGN OF DEAD - AND I GET AFRAID
```

Chorus: E
                    BLACK COFFIN IN THE ....   *(same as first chorus)*

```
              B                        Gbm
THERE IS SOMEONE LIEIN'IN THIS WOODEN CASE
      B                    Gbm
BUT I DON'T KNOW HIS NAME - DON'T YOU KNOW HIS NAME?
   B                      Gbm
I FEEL LIKE BEIN' IN A TV-SHOW
          A              B
BUT I THINK THIS IS NO GAME
```

Chorus: E
                    BLACK COFFIN IN THE CORNER
                        Dbm
                    IT IS STANDIN' NEXT TO ME
                          Abm
                    BLACK SHADOW IN MY BEDROOM
                        A
                    BUT I DON'T HAVE THE KEY
                          E
                    BLACK COFFIN IN THE CORNER
                        Dbm   D
                    I DON'T KNOW THE REASON WHY
                          Ab
                    BLACK COFFIN
                          E
                    BLACK COFFIN IN THE CORNER
                        Dbm
                    IT IS STANDIN' NEXT TO ME
                          Abm
                    BLACK SHADOW IN MY BEDROOM
                        A
                    BUT I DON'T HAVE THE KEY
                          E
                    BLACK COFFIN IN THE CORNER
                        Dbm   D
                    MY EYES ARE TEARFUL WET
                          Ab   Dbm
                    BLACK COFFIN – NOW I NEED IT CAUSE I'M DEAD

published 2015 on THOUGHTS ON AN ELECTRIC CHAIR (BM 1115)

BOGEYMAN MUSIC - BISHOPS AGENCY

COME A LITTLE BIT CLOSER

Words & Music by

H. LANGE

Intro: **Bbm7**   **Bbm/add13**
YOU HAVE TO KNOW, THAT YOU HAVE TO GO
Bbm/addb13   **Bbm**
YOU HAVE TO KNOW - GO

Bbm   **Ab**   **Gb**   **Ab**
COME A LITTLE BIT CLOSER - IT'S COLD OUTSIDE
Bbm   **Ab**   **Gb**   **Ab**
THE DUSK IS COMIN' - IT COMES WITH FRIGHT
Bbm   **Ab**   **Gb**   **Ab**
THE ENDLESS SILENCE IS KILLING ALL THAT NOISE
Bbm   **Ab**   **Gb**
PLEASE DON'T STOP TALKING - I NEED YOUR VOICE
Gb   **Ab**   **Bbm**   **Ab**   **Gb**   **F**
NOT TO FEEL ALONE - SLIPPIN' AWAY FROM THIS HOME

Bbm   **Ab**   **Gb**   **Ab**
STILL A LITTLE BIT CLOSER - IT'S COLD INSIDE
Bbm   **Ab**   **Gb**   **Ab**
THE DAWN WON'T COME - AND I FORGET THE FRIGHT
Bbm   **Ab**   **Gb**   **Ab**
A NEVER-ENDING NIGHT - I'LL NEVER SEE THE SUN
Bbm   **Ab**   **Gb**   **Ab**
I'M LIEIN' IN YOUR ARMS - MY BLOOD ON ITS LAST RUN

F   **Bbm**
NEVER HAD THE FEELING, THE END IS NEAR LIKE NOW
F   **Ab**   **A°**
WHO WILL REMEMBER ME, WHEN I GO ?

Solo: **Bbm**   **Ab**   **Gb**   :// (4x)

F   **Bbm** **Bbm/C**   **Bbm/Db** **Bbm/C Bbm**
NEVER HAD THE FEELING, THE END IS NEAR LIKE NOW
F   **Ab**   **A°**
WHO WILL REMEMBER ME, WHEN I GO ?

Interlude: **Bbm7**   **Bbm/add13**   **Bbm/addb13**   **Bbm**

Bbm   **Ab**   **Gb**   **Ab**
COME A LITTLE BIT CLOSER - IT'S COLD INSIDE
Bbm   **Ab**   **Gb**   **Ab**
COME A LITTLE BIT CLOSER - KEEP AWAY MY FRIGHT
Bbm   **Ab**   **Gb**   **Ab**
COME A LITTLE BIT CLOSER - PLEASE DON'T BE SO SHY
Bbm   **Ab**   **Gb**   **Ab**
COME A LITTLE BIT CLOSER - HOLD ME TILL I DIE
Bbm   **Ab**   **Gb**   **Ab**
COME A LITTLE BIT CLOSER - HOLD ME CAUSE I DIE
Bbm   **Ab**
COME A LITTLE BIT CLOSER

CORAZON

Words & Music by

H. LANGE

Intro: **Em**   **B7**

Em   **Bm**
I DON'T LIKE WHAT I SEE IN YOUR EYES
Am   **Bm**
THERE'S NO SUNSET AND NO SUNRISE
Em   **Bm**
YOU'RE LOOKIN' TIRED, BORED AND DEAD
Am   **Bm**
NOTHIN' TO MAKE YOU HAPPY, ALWAYS SAD

Em

Em   **Bm**
I DON'T LIKE WHAT I SEE IN YOUR FACE
Am   **Bm**
PAIN FROM A KNIFE, MORE THAN SIX BLADES
Em   **Bm**
WHAT IT MEANS IS NO LOOKIN' BACK
Am   **Bm**
IN FRONT GROWS YOUR FUTURE - THE PAST IS JUST DEAD

Chorus: **Em**   **G**   **Am**   **B7**
VETE AL INFIERNO, CABRON
               Em   **G**   **Am**   **B7**
YO TE QUIERO, MI CORAZÓN
               Em   **G**   **Am**   **B7**
VETE AL INFIERNO, CABRON
               C   **D**   **Em**
YO TE QUIERO, MI CORAZÓN

Em   **Bm**
I DON'T LIKE WHAT I FEEL IN MY HEART
Am   **Bm**
LOVE AND HATE - CRUEL SMART
Em   **Bm**
EYES OF THE PAST LIEIN' ON ME
         Am   **Bm**
YOUR MOUTH IS TALKIN' FUTURE, YOUR LIES ARE NOT THE KEY

Chorus: **Em   G   Am   B7**
VETE AL INFIERNO, CABRON
Em   G   Am   B7
YO TE QUIERO, MI CORAZÓN
Em   G   Am   B7
VETE AL INFIERNO, CABRON
C   D   Em
YO TE QUIERO, MI CORAZÓN

Am   Em
GO TO HELL MY LITTLE BUDDY
Am   Em
YOU CAN SEE IT IN MY EYES
Am   Em
YOU ARE NICE AND I AM MUDDY
G   Am   B7
I'M SUNSET AND YOU'RE SUNRISE

Chorus: **Em   G   Am   B7**
VETE AL INFIERNO, CABRON
Em   G   Am   B7
YO TE QUIERO, MI CORAZÓN
Em   G   Am   B7
VETE AL INFIERNO, CABRON
C   D   Em
YO TE QUIERO, MI CORAZÓN
Em   G   Am   B7
VETE AL INFIERNO, CABRON
Em   G   Am   B7
YO TE QUIERO, MI CORAZÓN
Em   G   Am   B7
VETE AL INFIERNO, CABRON
C   D   Em
YO TE QUIERO, MI CORAZÓN

DEAD, FORGOTTEN, FAR AWAY

Words & Music by

H. LANGE

Intro: **Gm**

        Gm
HE CALLS IT PAIN - PUMPIN' IN HIS VAIN
      Eb   **Cm Dm**   **Gm**
HE CALLS IT FEVER - HEAT AND GAIN

HIS EYES ARE WIDE - HE FEELS NO PRIDE
        Eb   **Cm Dm**   **Gm**
HIS EYES ARE CLOSED - FEELS JUST FRIGHT

Bridge: **F**   **Gm**
      HE WOULDN'T KISS IT ANYMORE
     F   **Csus9**   **Dsus9**
     THESE FALSE FACES, BUT HIS IGNORANCE IGNORE

Gm

        Gm
HE'S FALLIN' DOWN - WITHOUT A BULLET'S FLIGHT
      Eb   **Cm Dm**   **Gm**
NO TURNIN' AROUND - END OF FIGHT

Chorus: **Gm**   **Cm**   **F**
     DEAD, FORGOTTEN, TEARS ARE DRIED
          Bb   **Bb/A**   **Gm**
     FALLEN TO PIECES WHILE LOW AND HIGH TIDE
         Cm   **F**
     DEAD, FORGOTTEN, FAR AWAY
    Ebsus9 Fsus9 Gm
     ANY UNKNOWN DAY

Solo: **Gm**   **Eb**   **Cm**   **Dm**   **Gm**

Bridge: **F**   **Gm**
     HE WOULDN'T KISS IT ANYMORE
    F   **Gm**
     THESE FALSE FACES, IGNORANCE IGNORE

Chorus: **Gm**   **Cm**   **F**
DEAD, FORGOTTEN, TEARS ARE DRIED
        Bb   **Bb/A**   **Gm**
FALLEN TO PIECES WHILE LOW AND HIGH TIDE
        Cm   **F**
DEAD, FORGOTTEN, FAR AWAY
    Ebsus9 Fsus9 Gm
ANY UNKNOWN DAY
        Cm   **F**
DEAD, FORGOTTEN, TEARS ARE DRIED
        Bb   **Bb/A**   **Gm**
FALLEN TO PIECES WHILE LOW AND HIGH TIDE
        Cm   **F**

DONKEY

Words & Music by

H. LANGE

Intro: **E**

```
    E              B              A          E
HELLO, MY NAME IS DONKEY T.  - AND I'M A DUMWISE LIAR
    C#m            G#m                 A         B
I'M TALKIN' TRASH TO CHEAT YOU ALL  - AND SO I'M GETTIN' HIGHER
    E              B              A          E       E/D#
I'VE TOLD TO MAKE YOU GREAT AGAIN  - ESPECIALLY MY MONEY
    C#m            G#m                 A            B
AND IF I'M UP, I'LL GRAB YOU THEN  - YOU CAN'T ESCAPE, LI'L HONEY


    E              B              A          E       B/D#
HELLO, MY NAME IS DONNY T.  - AND I'M A DUMWISE LIAR
    C#m            G#m                 A         B
I'M TALKIN' TRASH TO CHEAT YOU ALL  - AND SO I'M GETTIN' HIGHER
    E              B              A          E       E/D#
I'VE TOLD TO MAKE YOU GREAT AGAIN  - ESPECIALLY MY MONEY
    C#m            G#m                 A            B
AND IF I'M UP, I'LL GRAB YOU THEN  - YOU CAN'T ESCAPE, LI'L HONEY



 A             B           C#m    B
   AND NOW I'M REALLY NUMBER ONE
 A             B           C#m
   NO ONE EXPECTED WHAT YOU'D DONE



     E                   B
I'M WATCHIN' FAKE NEWS ON TV
   A             E       B/D#
I AM THE BEST ONE EVER
      C#m                    G#m
NOR SCIENCE, NOR TRUTH IS WHAT WE NEED
         A           B
CAUSE I AM REALLY CLEVER
     E           B
I HATE RELIGION AND THE POOR
      A             Am
AND I'M THE HOTTEST LOVER
     F#m             E
THE CLIMATE PROBLEMS I IGNORE
      B             C°
SO THESE STAY UNDERCOVER
```

A/C#   B   C#m   B/D#
I AM THE MIGHTY NUMBER ONE
A   B   C#m
IF YOU DON'T AGREE, TAKE MY GUN
     A   B   E
I CAN'T BELIEVE MYSELF AND WHAT I'VE DONE

published 2020 on TWENTYFIVE (BM 1620)
BOGEYMAN MUSIC - BISHOPS AGENCY
ALL RIGHTS RESERVED

DON'T YOU KNOW WHAT LOVE IS

Words & Music by

H. LANGE

Intro: **F#m7/9**   **Gm7/9**   **G#m7/9**   **Am7/9**

            Am   **D**   **F**   **G**

            Am   **D**   **F**   **E**

Chorus:
```
Am              D         F  G
DON'T YOU KNOW WHAT LOVE IS
Am              D         F  E
DON'T YOU KNOW THAT GIRL
Am         D    F    G
HAVE YOU EVER FELT THIS BURNIN'
      Am  G         F
BUT FIRE SOMETIMES HURTS
Am   G          F              Am
FIRE SOMETIMES HURTS
```

```
Am                          F
AGE OF 20, LONG BLOND HAIR, WALKIN' THROUGH THE STREET
G                           Am            F   G
AFTER MIDNIGHT I DON'T CARE, ONLY FEELIN' HEAT
Am                     F
BLACK EYES ON HER BACK, I SEE HER MOVIN' FAST
G                                    E
NOBODY CAN HEAR HER SCREAM, BUT THEY'LL FIND HER IN THE DUST
Am                         F
EVERY NIGHT WHEN I WAKE UP, I FEEL THIS KIND OF THIRST
   G                        Am              Am7
I'M LOOKIN' FOR ANOTHER GIRL TO PRESENT HER THIS BURST
Am                       F
WHEN I FIND ONE IN THE DARK, I TRY TO FOLLOW HER
G                          E
I'M THE SHADOW, I'M THE SHARK, I'LL ALWAYS BE THE FIRST
```

Chorus:
```
Am              D         F  G
DON'T YOU KNOW WHAT LOVE IS
Am              D         F  E
DON'T YOU KNOW THAT GIRL
Am         D    F    G
HAVE YOU EVER FELT THIS BURNIN'
      Am  G         F
BUT FIRE SOMETIMES HURTS
Am   G          F
FIRE SOMETIMES HURTS
```

E   Am
A LONELY LIFE WILL LEAD YOU INTO LONELY NIGHTS
D   Dm   G   G#°
MY LITTLE KISS REMOVES YOUR FRIGHT

Solo: Am   D   F   G

            Am   D   F   E

            Am   D   F   G

            Am   G   F

      Am   F
I'M LOOKIN' FOR THIS FRESH YOUNG BLOOD, I'M LOOKIN' FOR YOU, GIRL
      G   E
I GIVE LOVE TO YOU, MY HONEY SLUT, AND ETERNITY, MY PEARL

Chorus: Am   D   F   G
            DON'T YOU KNOW WHAT LOVE IS
            Am   D   F   E
            DON'T YOU KNOW THAT GIRL
            Am   D   F   G
            HAVE YOU EVER FELT THIS BURNIN'
              Am   G   F
            BUT FIRE SOMETIMES HURTS
            Am   G   F
            FIRE SOMETIMES HURTS
            Am   F   Dm   G
            DON'T YOU KNOW WHAT LOVE IS
            Am   G   F   E
            DON'T YOU KNOW THAT GIRL
            Am   D   F   G
            HAVE YOU EVER FELT THIS BURNIN'
              Am   G   F
            BUT FIRE SOMETIMES HURTS
            Am   G   Dm
            FIRE SOMETIMES HURTS

published 2019 on LOVE'N'HATE (BM 1419)
BOGEYMAN MUSIC - BISHOPS AGENCY

FELT THIS WAY

Words & Music by

H. LANGE

Intro: **F#7sus**   **F7sus**   **E7sus**

            A   **D**   **B** **Bm7** **E**

Chorus: **A**   **D**   **B** **Bm** **E** **F°**
BABY - HAVE YOU FELT THIS WAY ANOTHER DAY BEFORE
        A   **D**   **B** **Bm** **E** **F°**
MAYBE – DO YOU WANNA STAY TILL YOUR LAST DAY WITH ME
          F#m   **B**   **D**   **E**
AND IF YOU FEEL THE WAY I DO YOU KNOW THIS LOVE IS TRUE
          F#m   **B**   **D**   **E**
BUT IF YOU GO AWAY FROM ME, YOU'LL MAKE ME FEELIN' BLUE

A   **D**
IN THE MORNING HOUR I WALKED THIS LONELY ROAD
F#m   **B**
SNOW WAS FALLIN' AND I FORGOT MY COAT
A   **F#m**
THERE WERE NO CARS, SWEET SILENCE EVERYWHERE
     D   **E**
IN FRONT OF ME AN ANGEL HANDLIN' ME WITH CARE
A   **D**
I SAW HER EYES AND I KNEW SHE WAS THE ONE
F#m   **B**
NO MORE LIES, THE TRUTH HAD JUST BEGUN
A   **F#m**
SHE TOOK MY HAND AND I FOLLOWED ON HER WAY
D   **E**
IT WAS OUR FIRST DAY

Interlude: **A**   **D**   **B** **Bm7** **E**

A   **D**
BABE YOU TOOK MY LIFE, I GAVE TO YOU MUCH MORE
F#m   **B**
MY HONEY BEE IN HIVE, MY HOLY GIRL, MY WHORE
A   **F#m**
I DON'T WANNA MISS YOU
D   **E**
I JUST WANNA KISS YOU

Chorus:
        A   **D**   **B**   **Bm**   **E** **F°**
BABY - HAVE YOU FELT THIS WAY ANOTHER DAY BEFORE
       A   **D**   **B**   **Bm**   **E F°**
MAYBE – DO YOU WANNA STAY TILL YOUR LAST DAY WITH ME
         F#m   **B**   **D**   **E**
AND IF YOU FEEL THE WAY I DO YOU KNOW THIS LOVE IS TRUE
         F#m   **B**
AND IF YOU STAY TONIGHT WITH ME
     D   **E**
I'LL MAKE YOU FEELIN' FREE

Solo: **A**   **F#m**   **D**   **A**   **E**

             A   **F#m**   **E**   **D**

Chorus:
        A   **D**   **B**   **Bm**   **E** **F°**
BABY - HAVE YOU FELT THIS WAY ANOTHER DAY BEFORE
       A   **D**   **B**   **Bm**   **E F°**
MAYBE – DO YOU WANNA STAY TILL YOUR LAST DAY WITH ME
       A   **D**   **B**   **Bm**   **E** **F°**
BABY - HAVE YOU FELT THIS WAY ANOTHER DAY BEFORE
       A   **D**   **B**   **Bm**   **E F°**
MAYBE – DO YOU WANNA STAY TILL YOUR LAST DAY WITH ME

Outro: **A**

published 2020 on TWENTYFIVE (BM 1620)
BOGEYMAN MUSIC - BISHOPS AGENCY

GOIN' HOME

Words & Music by

H. LANGE

Intro: **Asus9** **D9/B**

```
C        Am      F       G
BABY I MISS YOU - I'M SO LONELY TONIGHT
C        Am           F                    G
IN MY DREAMS WITH YOU  - AND THE SUN'S SHININ' BRIGHT
C        Am      F     G
BABY I NEED YOU  - BUT I LOST THIS LAST FIGHT
C        Am      F            G
SO I'M LOSIN' YOU AND I'M LOSIN' MY LIGHT


F          E
GOIN' HOME


C          Am  F        G
I STOP MY CAR IN FRONT OF MY CHILDHOOD HOME
C        Am        F          G
MY TEARS ARE DRYIN'  - MY SOUL IS CRYIN
C              Am  F          G
I STROLL TO THE DOOR AND MY HEART IS BUMPIN'
              C   Am  F              G
NERVOUS DELIGHT      THAT'S WHAT I'M GONNA DO TONIGHT


F              E
GOIN' HOME TO MY CHILDHOOD'S PEACE
Am                   G
IS ALL I NEED WITH TREMBLIN' KNEES


C              Am
WHEN I COME HOME TO MY MOTHER
F            G          C
SHE'S HANGIN' DRUNKEN IN HER ARMCHAIR
Am
AND I AM TALKIN' TO HER
F        G            C        Am
BUT SHE'S SLEEPIN' MY WHOLE WORDS
F        G        C   Am
I'D LIKE TO BE HER LITTLE BOY AGAIN
         F              G
BUT SHE CAN'T REMEMBER MY FACE
```

```
F                         E
    GOIN' HOME TO MY CHILDHOOD'S PEACE
Am                        G
    IS ALL I NEED WITH TREMBLIN' KNEES


C     G/B     Am  G  F        Em     Dm     G
    I'M GOIN' HOME          CAUSE I'M ALONE
C     G/B     Am  G  F        Em          Dm     G
    I'M COMIN' HOME        NOT CALLED BY PHONE
C     G/B     Am  G  F            Em          Dm          G
    I'M GOIN' HOME          WHILE MY RIVER IS FLOWN
C           Bb          A
    NOW I'M HERE BUT MY PAST IS AWAY
Fmaj7/sus9      Gadd13      Fm/C  Gm/C  C
    SO I'M BURNIN' MY HOME
```

GROTTY WAG

Words & Music by

H. LANGE

Intro: **C**   **Fadd9/13** *://*

  C   **Fadd9/13**
I THINK IT WAS THE BEST TIME OF MY LIFE
  C   **Fadd9/13**
WE DID IT ALL JUST FOR KICKS
  C   **Fadd9/13**
WE DIDN'T NEED SOB-STUFFS LIKE THIS
  C

AND WHEN THERE WAS A KILL-JOY
    Fadd9/13
WE'VE GIVEN HIM A SLUG

  G   **Fadd9/13** *://*

  C   **Fadd9/13**
I'M DOWN ON THE DUMPS - I FEEL SO BLUE
  C   **Fadd9/13**
IT'S A BIT ROUGH ON ME - I TURN ON THE WATERWORKS
  C   **Fadd9/13**
I'M NOT A WEEPY PERSON - I'M A REAL CARD
  C

THEY SAID, IT WAS A YAWN
    Fadd9/13
AND THEN THEY GAVE ME THE BIRD

  G **Fadd9/13**
     YOU KNOW, THAT BEATS ME
  G **Fadd9/13**
     WHY HAVE I TO LIVE IN A BUGHOUSE

  C   **Fmaj7/sus9**
YOU AREN'T VERY WITTY
  C   **Fmaj7/sus9**
YOUR GAB IS ONLY DIPPY
  C   **Fmaj7/sus9**
YOU'RE FUNNY LIKE GIPSY TUMMY
  C   **Fmaj7/sus9**
A BANG-UP JOB FOR YOU IS PUSHING UP THE DAISIES

G   **Fadd9/13**
I PLAY A MUTT WITH A JERRY ON HIS HEAD
G   **Fadd9/13**
PRETENDING TO BE PICKLED - I FALL DOWN ON THE GROUND
G   **Fadd9/13**
WHY DON'T YOU LIKE MY JOKES - FUNS AND WITTY STORIES
G   **Fadd9/13**
WHEN I JOSH A BUTCH, A FATSO, PIPSQUEAK, GAWK AND LOFTY

Outro: **C**   **Fmaj7/sus9**   *:// 6x*

                   G   **Fadd9/13**   **Fm/maj7/add13**   *://*

                   C   **F**   **G**   **Cmaj7/G**

HANG ME HIGH

Words & Music by

H. LANGE

Intro: **Bm**

HANG ME HIGH   HANG ME HIGH   HANG ME HIGH

Bm
WALKIN' THROUGH MY DESERT'S NIGHT
G   **A7**
NO MAN'S LAND - NO PAIN NOR FRIGHT
Bm
STUMBLIN' THERE NIGHT BY NIGHT
G   **A7**
NEED NO LEADER - NEED NO GUIDE
   Bm
I CAN'T ESCAPE THOSE DIRTY THOUGHTS
G   **A7**
LIVIN' DEVIL - PRAISIN' LORD
      Bm
MY MIND IS BROKEN I CAN'T SEE
     G   **D/F# Em**
I'M LOOKIN' FOR A WAY TO FLEE

      Bm
HANG ME HIGH   HANG ME HIGH

Bm
I CAN'T LIVE THIS CRAWLIN' LIFE
G   **A7**
I'M NOT WORTH THIS LOVIN' WIFE
Bm
LOOKIN' FOR MY DAY TO DIE
G
DO ME A FAVOR

Chorus: **G   D/F# Em**
              HANG ME HIGH
        G   Bm
          LET ME DIE
      A   **G   D/F#**
          MAKE ME TOUCH THE SKY
      Em   **Bm**
          HANG ME HIGH

Solo: **Bm**   **G   A   Bm**   **G   A**   **:||**

Interlude:

Em   **G**
DAY BY DAY I DO MY JOB
Bm   **A**
SEEMS LIKE BEING ON THE TOP
Em   **G**
NO ONE LOOKS BEHIND THAT FACE
     Bm   **A**
NO ONE KNOWS MY DARKER DAYS
Em   **G**
DAY BY DAY I DO MY JOB
Bm   **A**
SEEMS LIKE BEING ON THE TOP
G   **Em**
NO ONE LOOKS BEHIND THAT FACE
     Bm   **A**
NO ONE KNOWS MY DARKER DAYS

       Bm
HANG ME HIGH   HANG ME HIGH

Bm   **D**
I CAN'T LIVE THIS CRAWLIN' LIFE
G   **A7**
I'M NOT WORTH THIS LOVIN' WIFE
Bm   **D**
LOOKIN' FOR MY DAY TO DIE
G
DO ME A FAVOR

Chorus: **G**   **D/F#** **Em**
HANG ME HIGH
     G   **Bm**
LET ME DIE
     A   **G**   **D/F#**
MAKE ME TOUCH THE SKY
Em   **Bm**
HANG ME HIGH
     A   **G**
HANG ME HIGH
Em   **Bm**
HANG ME

HANGIN' AROUND

Words & Music by

H. LANGE

Intro: **Dm7**   **Bb** **Am7** :// (4x)

    Dm7   **Bm7/b5**   **Bbmaj7** **Dm7** **Bm7/b5** **Bbmaj7**
HANGIN' AROUND   IN A BORING TOWN
       Dm7 **Bm7/b5**   **Bbmaj7** **Dm7 Bm7/b5 Bbmaj7**
SITTIN' ON THE GROUND WITHOUT FEELING DOWN
   Gm7   **Ebmaj7**   **F**   **Gm7** **Ebmaj7**
DRINKIN' ALE   IN THE MORNING SUN
    F   **Gm7**   **Ebmaj7**
I DON'T NEED A GUN   TO HAVE SOME FUN
     F   **Gm7**   **Bbmaj7** **Dm/C**
AND MY WORK ISN'T DONE

Bridge: **Dm7**   **Bb**   **Am7**
   HU HU   FEELING THE SUN ON YOUR SKIN
 Dm7   **Bb** **Am7**
  HU HU   BABY
 Dm7   **Bb**   **Am7**
  HU HU   THINK THAT'S THE DAY TO BEGIN
 Dm7   **Bb** **Am7**
  HU HU   MAYBE

    Dm7   **Bm7/b5**   **Bbmaj7** **Dm7** **Bm7/b5** **Bbmaj7**
I WAKE UP   JUST TO BASK THIS DAY
    Dm7   **Bm7/b5**   **Bbmaj7** **Dm7 Bm7/b5 Bbmaj7**
AND I'M SURE   ALL OBLIGATIONS ARE AWAY
   Gm7   **Ebmaj7**   **F**   **Gm7**   **Ebmaj7**
IT'S NO FEAT   TO ENJOY THE HEAT
    F   **Gm7**   **Ebmaj7**
I CAN FEEL THE BEAT OF THIS SILENT STREET
    F   **Gm7**   **Bbmaj7** **Dm/C**
THIS IS WHAT I NEED

Bridge: **Dm7**   **Bb**   **Am7**
   HU HU   FEELING THE SUN ON YOUR SKIN
 Dm7   **Bb** **Am7**
  HU HU   BABY
 Dm7   **Bb**   **Am7**
  HU HU   THINK THAT'S THE DAY TO BEGIN
 Dm7   **Bb** **Am7**
  HU HU   MAYBE

Chorus:

Dm7   Am   Bb7   Dm7   Am Bb7
    I'M LEANING AGAINST THE WALL THIS MORNING
Dm7   Am   Bb7   Dm7 Am Bbsus9
DON'T TELL YOUR HINT - YOUR LIFE IS BORING

Dm7   Bm7/b5   Bbmaj7 Dm7   Bm7/b5   Bbmaj7
I'M HANGIN' AROUND   IN A BORING TOWN
Dm7   Bm7/b5   Bbmaj7   Dm7 Bm7/b5 Bbmaj7
SITTIN' ON THE GROUND   WITHOUT FEELING DOWN
Gm7   Ebmaj7   F   Gm7   Ebmaj7
DRINKIN' ALE   IN THE MORNING SUN
F   Gm7   Ebmaj7
I DON'T NEED A GUN   TO HAVE SOME FUN
F   Gm7   Bbmaj7   Dm/C
AND MY WORK ISN'T DONE

Bridge: **Dm7   Bb   Am7**
    HU HU   FEELING THE SUN ON YOUR SKIN
Dm7   Bb Am7
    HU HU   BABY
Dm7   Bb   Am7
    HU HU   THINK THAT'S THE DAY TO BEGIN
Dm7   Bb Am7
    HU HU   MAYBE

Chorus: **Dm7   Am   Bb7   Dm7   Am Bb7**
    I'M LEANING AGAINST THE WALL THIS MORNING
Dm7   Am   Bb7   Dm7 Am Bbsus9
DON'T TELL YOUR HINT - YOUR LIFE IS BORING

Dsus9
I'M HANGIN' AROUND

HANK THE KNIFE

Words & Music by

H. LANGE

<pre>
Intro: Em   D   C   Em   D   C

            Em   C   D   Bm   C   D

Chorus: Em   D   C   Em   D   C
            HANK THE KNIFE   WAS KILLING HIS WIFE
            Em   C   D
            HE GOT SOME PROBLEMS WITH THE MONEY
                  Bm   C
            AND SHE WAS RICH
                  D   Em
            SO HE KILLED THAT BITCH

Em   D   Am   Em
ANOTHER DAY - THE SAME OLD WORLD
Em   D
IT TURNS AROUND AND AROUND
Am   Em
SOME DRESSED A SUIT, SOME DRESSED JUST SHIRT
Em   D   Am   Em
WOMEN AND MEN WALKIN' ON THEIR EVERYDAY WAY
Em   D   Am   C   Dadd9/11
NO SURPRISE - THE RIVER FLOWS

Interlude: Em   D   C   Em   D   C

            Em   C   D   Bm   C   D   Em

Em   D   Am   Em
STANDIN' UP EVERY MORNING, GO TO BED THE SAME TIME
Em   D   Am   Em
DAILY LIVIN' THE SAME LIFE - NO CHAMPAGNE, NO WINE
Em   D   Am   Em
PLAYIN' A ROLE, NO CHANGIN' THE WAY - REGULAR FEAR
Em   D   Am   C   Dadd9/11
IN A HUNDRED YEARS - FORGOTTEN OUR TEARS
</pre>

Chorus: **Em** **D**   **C** **Em** **D**   **C**
      HANK THE KNIFE WAS KILLING HIS WIFE
      Em   **C**   **D**
      HE GOT SOME PROBLEMS WITH THE MONEY
        Bm **C**
      AND SHE WAS RICH
         D   **Em**
      SO HE KILLED THAT BITCH

C   **Am**   **D**   **G** **D/F#**
HANK HAS LIVED A LIFE LIKE A MILLION OTHER GUYS
C   **Am**   **Em** **C** **Dadd9/11**
AND LIKE ALL PEOPLE HANK FORGOTTEN DIES

Outro: **Em** **D**   **C** **Em** **D**   **C**
      HANK THE KNIFE WAS KILLING HIS WIFE
      Em **D**   **Cmaj7**
      HANK THE KNIFE

HE IS KILLING ME

Words & Music by

H. LANGE

```
Intro:        A

      A         C#m              G                        Fm7/13
      COME ON HONEY  -  LOOK IN MY EYES AND LISTEN WHAT I SAY
               A              C#m
      I'M STANDIN' HERE IN FRONT OF YOU
                    G                 Fm7/13
      TELLIN' ABOUT MY LIES AND MISTAKES
      A         C#m              G                    Fm7/13
      CAN'T YOU SEE THE LONELY HEART BEHIND THIS OLD MASK?
      A                      C#m              G        Fm7/13
      HAVE YOU REALLY TO TURN THIS RUSTY KNIFE IN MY CHEST?

           E                    Dsus9        Fm7/13
      OH BABY, PLEASE FORGIVE ME - I REGRET
           E           Dsus9    C#m                  E
      I KNOW I AM GUILTY - I KILLED BECAUSE I'M DEAD


      A         C#m              G                    Fm7/13
      NO MORE HONEYS  -  I SEE YOUR BLOODRED EYES
      A                      C#m                  G
      YOU'RE HANGIN' AROUND IN FRONT OF ME
                Fm7/13
      TELLIN' ABOUT THE LOST SUNRISE
      A         C#m              G                    Fm7/13
      I CAN'T SEE ANYTHING ELSE THAN LIES AND CHEAT
      A                      C#m          G           Fm7/13
      MY FEELINGS ARE COLD, FAR AWAY THE BURNING HEAT

           E                    Dsus9        Fm7/sus13
      OH BABY, PLEASE FORGIVE ME - I REGRET
           E           Dsus9    C#m
      I KNOW I AM GUILTY - I KILLED YOU 'CAUSE I'M DEAD


Chorus:  F#m      D       B    Bm
            HE IS KILLING ME
         F#m      D       B    Bm
            HE IS KILLING ME

Solo:    A        C#m         G        Fm7/13      :// 4x
```

```
A              C#m                    G                      Fm7/13
COME ON HONEY - YOU SAY IT'S OVER BUT GIVE ME ONE MORE CHANCE
A                      C#m            G                  Fm7/13
YOU'VE JUST TO FORGET WHAT HAPPENED
A                      C#m                  G                      Fm7/13
THERE WAS NO CHOICE  -  I COULDN'T FIGHT AGAINST THESE THINGS
A                  C#m                  G                      Fm7/13
DON'T BE SO PETTY  -  WE COULD LIVE LIKE QUEENS AND KINGS


        E                  Dsus9
OH BABY, PLEASE FORGIVE ME


Chorus:    F#m      D        B      Bm      F#m      D        B      Bm
           HE IS KILLING ME               HE IS KILLING ME
           F#m      D        B      Bm      F#m      D        B      Bm
           HE IS KILLING ME               HE IS KILLING ME
     F#m      D        B          Bm
     HE IS KILLING ME – BABY PLEASE GIVE ME ANOTHER CHANCE
     F#m      D        B          Bm
     HE IS KILLING ME – WHY DON'T YOU SHAKE MY HANDS?
     F#m      D        B          Bm
     HE IS KILLING ME – YOU KNOW THERE WAS NO CHOICE, I HAD TO DO
     F#m      D        B            Bm
     HE IS KILLING ME – CRYIN' LONELY, FEELIN' BLUE
     F#m      D        B            Bm
     HE IS KILLING ME – BABY PLEASE GIVE ME ANOTHER CHANCE
     F#m      D        B          Bm
     HE IS KILLING ME – WHY DON'T YOU SHAKE MY HANDS?
     F#m      D        B            Bm
     HE IS KILLING ME – CRYIN' LONELY, FEELIN' BLUE
     F#m      D        B/F#
     HE IS KILLING ME
```

IT FEELS LIKE

Words & Music by

H. LANGE

Intro: **F#m7**   **Dmaj7**   **Bm7**   **C#m7**   :||

```
F#m                 Dmaj7                              Bm7
WHEN SHE LEFT HER HOUSE SHE WAS WALKIN' DOWN THE STREET
                              C#m7                 F#m7
WHERE'S THE SUN, WHERE IS THE HEAT - EVERYTHING IS GONE
                              Dmaj7
NOW THERE'RE ALL THAT FALLEN LEAVES
                         Bm7
ALL THE DAYS WERE TAKEN BY THIEVES
         C#m7                      F#m7
IN HER HEAD SHE'S LOOKIN' FOR THE TIME
                              Dmaj7                    Bm7
EVERY SONG JUST LOOKS FOR RHYME ON MY MIND BUT I'M BLIND
         C#m7              F#m7      Dmaj7
I CANNOT FIND THE REASON WHY I'M SO SHY
       Bm7              C#m7
AND EVERYTHING IS CHANGIN'
```

```
Bridge:  Dmaj7          F#m7   Dmaj7            F#m7
           THE RIVER FLOWS  -  THE MOUNTAIN GROWS
         Dmaj7             F#m7  Dmaj7                       C#m7
           WE'RE GOIN' AHEAD  -  TRY TO LIVE BEFORE YOU'RE DEAD
```

Interlude: **F#m7**   **Dmaj7**   **Bm7**   **C#m7**

```
F#m7                      Dmaj7                        Bm7
SHE LEFT SCHOOL YESTERDAY AND SHE PRAYED NOT TO STAY
         C#m7
IN HER BORING HOMETOWN
F#m7                              Dmaj7
WHILE SHE THOUGHT ABOUT HER LIFE WHERE TO DRIVE HOW MANY
         Bm7                      C#m7
CHILDREN, MAYBE FIVE ALL THE YEARS WERE GOIN' ON
```

```
Bridge:  Dmaj7          F#m7   Dmaj7            F#m7
           THE RIVER FLOWS  -  THE MOUNTAIN GROWS
         Dmaj7             F#m7  Dmaj7                       C#m7
           WE'RE GOIN' AHEAD  -  TRY TO LIVE BEFORE YOU'RE DEAD
```

```
Chorus:        F#m7        Bm7
           IT FEELS LIKE - EVERYTHING IS CHANGIN'
               C#m7                      F#m7
           IT FEELS LIKE - EVERYTHING IS ON THE RUN
```

                    Bm7
IT FEELS LIKE - EVERYTHING IS MOVIN'
         C#m7   **F#m7**
IT FEELS LIKE SKIN UNDER BURNIN' SUN

Interlude: **F#m7**   **Dmaj7**   **Bm7**   **C#m7**

F#m7   **Dmaj7**   **Bm7**
BEAUTIFUL BROWN HAIR IS CHANGIN' INTO GREY NOTHING ETERNAL
              C#m7   **F#m7**
NO PLACE TO STAY BUT DON'T DESPERATE
                              Dmaj7   **Bm7**
WHOLE LIFE IS JUST A GATE TO ANOTHER ONE - YOU ARE ON THE RUN
                                   C#m7
FLOWERS ARE FADIN', TREES GROW UP EVERY MINUTE
              F#m7   **Dmaj7**
WITHOUT STOP - EVERYTHING IS FLOWIN' TO THE BIG AIM
                 Bm7   **C#m7**
ENJOY YOUR WAY - PLAY YOUR GAME - AND TAKE YOUR DAY

Chorus: **F#m7**   **Bm7**
IT FEELS LIKE - EVERYTHING IS CHANGIN'
              C#m7   **F#m7**
IT FEELS LIKE - EVERYTHING IS ON THE RUN
                    Bm7
IT FEELS LIKE - EVERYTHING IS MOVIN'
              C#m7   **F#m7**
IT FEELS LIKE SKIN UNDER BURNIN' SUN

Solo: **F#m**   **G**   **F#m**   **G**

            F#m7   **Dmaj7**   **Bm7**   **C#m7**   *:// (6x)*
3rd to 6th line: IT FEELS LIKE

Chorus: **F#m7**   **Bm7**
IT FEELS LIKE - EVERYTHING IS CHANGIN'
              C#m7   **F#m7**
IT FEELS LIKE - EVERYTHING IS ON THE RUN
                    Bm7
IT FEELS LIKE - EVERYTHING IS MOVIN'
              C#m7   **F#m7**
IT FEELS LIKE SKIN UNDER BURNIN' SUN   *:// (3x)*

            F#m7   **Am7**

KILLER

Words & Music by

H. LANGE

Intro: **Em**

Em   **C**   **Dadd11**
LAZY WALK, SILENT STREET
Em   **Am**   **D/F#**
DIRTY TALK, COLD AND HEAT
Em   **C**   **Dadd11**
FROWZY ROOM, DOZING CHEAT
Em   **Am**   **B7**
NO GLEAM IN GLOOM, STUMBLING FEET

G   **F#m**   **G**   **Em**   **Gadd13**   **F#m7add11**

Em   **C**   **Dadd11**
STINKY BREATH, A MOCKING VOICE
Em   **Am**   **D/F#**
TASTING DEATH, THERE IS NO CHOICE
Em   **C**   **Dadd11**
A SKINNY HEAD, CORRODED TEETH
Em   **Am**   **B7**
THE SUN WON'T RISE, I CANNOT BREATHE

Bridge: **G**   **A**
YOU HAVE TO GO THIS WAY
G   **A**
THERE IS NO OTHER WAY

G   **F#m**   **G**

Chorus: **Em**   **A**   **C**   **D**
I'M THE KILLER, I'M CONSCIOUS OF MY DIRTY GUILT
Em   **A**   **C D**   **G**   **F#**   **F F7**
BUT I'VE TO KILL YA, AND SOON MY JOB IS FILLED

Interlude: **Em**

Em   **C**   **Dadd11**
DOLOROUS TASK, I'VE GOT TO DO
Em   **Am**   **D/F#**
NOTHING TO ASK, NOTHING NEW
Em   **C**   **Dadd11**
I TAKE MY GUN, LEAVE THIS PLACE
Em   **Am**   **B7**
ON THE RUN, SEARCH MY CHASE

Bridge: G   A
YOU HAVE TO DO THIS LITTLE JOB
G   A
CAUSE YOU ARE DOWN AND HE IS TOP

G   F#m   G

Chorus: Em   A   C   D
I'M THE KILLER, I'M CONSCIOUS OF MY DIRTY GUILT
Em   A   C D   G   F#   F
BUT I'VE TO KILL YA, AND SOON MY JOB IS FILLED

Break: Em   C   Dadd11
DOLOROUS TASK, YOU'VE GOT TO DO
Em   Am7   Bm7
NOTHING TO ASK, NOTHING NEW
Em   C   Dadd11
A FIRING PISTOL IN YOUR HAND
A   C   Dadd11
BLOODY BRAIN, HIS LOUSY END

Chorus: Em   A   C   D
I'M THE KILLER, I'M CONSCIOUS OF MY DIRTY GUILT
Em   A   C D   G   F#   F
BUT I'VE TO KILL YA, AND SOON MY JOB IS FILLED
Em   A   C   D
I'M THE KILLER, I'M CONSCIOUS OF MY DIRTY GUILT
Em   A   C D   G   F#   F7
BUT I'VE TO KILL YA, AND SOON MY JOB IS FILLED
Em   C   D
I'M THE KILLER

LADY BLUE

Words & Music by

H. LANGE

Intro: **Gm9/C**   **Am9/D**

Chorus: **Am** **G** **F** **Dm** *:// (4x)*

LADY BLUE - SHE IS WALKING THROUGH MY MIND,
ALL I DO - IS TO WAIT TILL I MEET HER AGAIN,
WHERE ARE YOU – I AM SEARCHIN' BUT I'M BLIND,
LADY BLUE - PLEASE TELL ME WHERE TO FIND.

Verse: **Am**   **G**   **Dm**   **Am** *:// (6x)*

TEARS IN HER EYES WHEN I SAW HER THE FIRST TIME
I WAS SMITTEN WITH HER SILENT WALK
SHE MADE ME SPEECHLESS, I COULDN'T TALK
IN FRONT OF THAT LITTLE CAFE SHE WAS STANDIN' ALONE
I WAS SQUATTIN' IN THE DIRT
THIS DUSTY STREET WAS MY SWEET HOME
I TOLD YOU, I COULDN'T TALK, I COULDN'T MOVE MY BODY
CAUSE I WAS DRUNKEN, MY FACE WAS TOO UGLY
 MY CLOTHES WERE MUDDY

    Am **G** **F** **Dm**   **Am** **G** **F** **Dm**
LADY BLUE   WHERE ARE YOU

Verse: **Am**   **G**   **Dm**   **Am** *:// (4x)*

I WAS STARRIN' AT THIS LADY, NO RAISIN' MY HEAD
I KNOW I'LL NEVER FORGET HER, TILL I'M FINALLY DEAD
ONE OF THOSE CARS PASSIN' BY
WAS DARKIN' THE SUN AND THE DAY
BUT WHEN THE SHADOW WAS OVER
MY BLUE LOVE LADY WAS AWAY

F   **Em**   **Am** **D7**
PLEASE COME BACK TO ME, MY LADY BLUE
F   **Em**
I AM LOOKING FOR YOU

Chorus: **Am   G   F   Dm** *:// (7x)*

LADY BLUE - SHE IS WALKING THROUGH MY MIND,
ALL I DO - IS TO WAIT TILL I MEET HER AGAIN,
WHERE ARE YOU – I AM SEARCHIN' BUT I'M BLIND,
LADY BLUE - PLEASE TELL ME WHERE TO FIND.
LADY BLUE - SHE IS WALKING THROUGH MY MIND,
ALL I DO - IS TO WAIT TILL I MEET HER AGAIN,
WHERE ARE YOU – I AM SEARCHIN' BUT I'M BLIND,
    Am   **G**   **F**   **E** *(rit.)*
LADY BLUE - PLEASE TELL ME WHERE TO FIND.

LAST CHRISTMAS

Words & Music by

H. LANGE

Intro: **F#m**   **B7**

 E   **Emaj7**   **E7**   **A**
I WILL KISS YOU THIS CHRISTMAS
Am   **E**
LIKE I'VE DONE IT EVERY YEAR
F#m   **B7**   **E**
BUT I DON'T KNOW WHERE YOU ARE NOW
    Emaj7 **E7** **A**
ALL YOUR CANDLES ARE BURNIN
    Am   **E**
THERE'S A TREE AND SOME MISTLETOE
F#m   **B**
AND I'M MISSING YOU

Bridge: **A**   **B**   **E** **C#m**
  AND I'M LISTENING TO THOSE CHRISTMAS SONGS
   A   **B**   **C#m** **B**
  WHILE THE SNOW IS FALLING DOWN
   A   **B**   **E** **C#m**
  A LITTLE TEARDROP GROWIN' IN MY EYES
  F#m   **B**
  TELL ME WHY MY BABY DIED

 E   **Emaj7** **E7** **A**
AND I'M LOOKIN' TO HEAVEN
Am   **E**
WHERE HAVE ALL THE ANGELS GONE
F#m   **B**
TELL ME WHAT WE HAVE DONE WRONG

Bridge: **A**   **B**   **E** **C#m**
  AND I'M STANDIN' ON MY BALCONY
   A   **B** **C#m** **B**
  LOOKIN' DOWN TO 42nd STREET
   A   **B**   **E** **C#m**
  I WANNA HOLD MY BABY IN MY ARMS
  F#m   **B**
  A LAST TIME I WANNA FEEL HER HEAT

Chorus: **E**   **C#m** **A**   **B**
  IT'S MY LAST CHRISTMAS - AND I HAVE TO GO
   E   **C#m** **A**   **B**
  WHEN YOUR TIME IS OVER - YOU HAVE TO KNOW

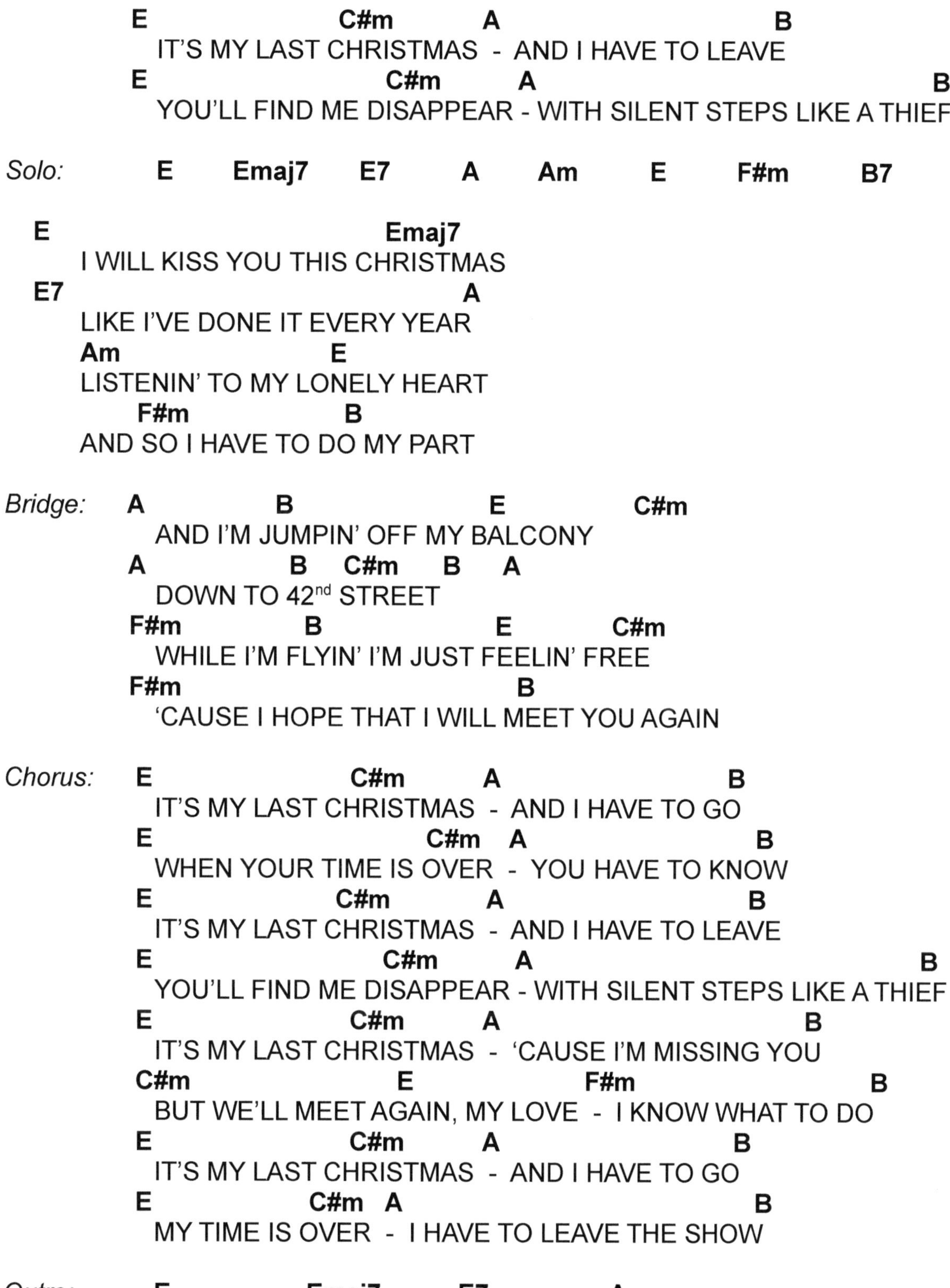

E   C#m   A   B
IT'S MY LAST CHRISTMAS - AND I HAVE TO LEAVE
E   C#m   A   B
YOU'LL FIND ME DISAPPEAR - WITH SILENT STEPS LIKE A THIEF

Solo: E   Emaj7   E7   A   Am   E   F#m   B7

  E   Emaj7
I WILL KISS YOU THIS CHRISTMAS
  E7   A
LIKE I'VE DONE IT EVERY YEAR
  Am   E
LISTENIN' TO MY LONELY HEART
     F#m   B
AND SO I HAVE TO DO MY PART

Bridge: A   B   E   C#m
             AND I'M JUMPIN' OFF MY BALCONY
             A   B   C#m   B   A
             DOWN TO 42nd STREET
             F#m   B   E   C#m
             WHILE I'M FLYIN' I'M JUST FEELIN' FREE
             F#m   B
             'CAUSE I HOPE THAT I WILL MEET YOU AGAIN

Chorus: E   C#m   A   B
             IT'S MY LAST CHRISTMAS - AND I HAVE TO GO
             E   C#m   A   B
             WHEN YOUR TIME IS OVER - YOU HAVE TO KNOW
             E   C#m   A   B
             IT'S MY LAST CHRISTMAS - AND I HAVE TO LEAVE
             E   C#m   A   B
             YOU'LL FIND ME DISAPPEAR - WITH SILENT STEPS LIKE A THIEF
             E   C#m   A   B
             IT'S MY LAST CHRISTMAS - 'CAUSE I'M MISSING YOU
             C#m   E   F#m   B
             BUT WE'LL MEET AGAIN, MY LOVE - I KNOW WHAT TO DO
             E   C#m   A   B
             IT'S MY LAST CHRISTMAS - AND I HAVE TO GO
             E   C#m   A   B
             MY TIME IS OVER - I HAVE TO LEAVE THE SHOW

Outro: E   Emaj7   E7   A

LITTLE WILLY

Words & Music by

H. LANGE

Intro: D   G   A   D D/C#

      Bm   G   F#m7/add11 Aadd9

   Bm   D
LITTLE WILLY CAME HOME LATE AT NIGHT
 G   D   D/C#
HIS FATHER'S DEAD, HIS MOM IS SAD
  Bm   D
HE OPENED THE DOOR WITHOUT LIGHT
   G   D D/C#
DIDN'T SPEAK ANY WORD SINCE HIS FATHER DIED
    Bm A G
BUT HE SANG THAT SONG

Interlude: Bm   G A

  Bm   D
HE TOLD ABOUT TRAGICAL FATE
   G   D D/C#
EVERY NIGHT IN A BAR, A MOONLIGHT STAR
  Bm   D
A STORY BETWEEN LOVE AND HATE
   G   D D/C#
ABOUT GIRLS AND BOYS, FALL IN LOVE IN A CAR
   Bm A G
AND HE SANG THAT SONG

Chorus: D   G
WHEN WILLY WAS SINGIN' MY SOUL STARTED SWINGIN'
  A   D D/C#
BELIEVE ME THERE WAS NO CHOICE
   Bm   G
WHEN HE TOLD HIS STORY 'BOUT TRAGIC AND GLORY
  F#m7/add11   Aadd9
MY HEART WAS TOUCHED BY HIS VOICE
    D   G
WHEN WILLY WAS SINGIN' MY SOUL STARTED SWINGIN'
  A   D D/C#
BELIEVE ME THERE WAS NO CHOICE
   Bm   G
WHEN HE TOLD HIS STORY 'BOUT TRAGIC AND GLORY
  A
MY HEART FELT HIS VOICE

Instrumental verse: **Bm   D   G   D   Bm   D   G   A**

G   **A**   **Bm**   **D**
AND NOW HE IS NOT LONGER HERE
G   **A**   **Bm**   **D**
YES HE DIED AND HE LEFT ONE LONELY TEAR
          Bm   A   G
AND THAT SOULFUL SONG

Chorus: **D**   **G**
WHEN WILLY WAS SINGIN' MY SOUL STARTED SWINGIN'
          A   **D   D/C#**
BELIEVE ME THERE WAS NO CHOICE
          Bm   **G**
WHEN HE TOLD HIS STORY 'BOUT TRAGIC AND GLORY
     F#m7/add11   **Aadd9**
MY HEART WAS TOUCHED BY HIS VOICE
                D   **G**
WHEN WILLY WAS SINGIN' MY SOUL STARTED SWINGIN'
(*LITTLE WILLY CAME HOME LATELY*)
          A   **D   D/C#**
BELIEVE ME THERE WAS NO CHOICE
(*AND THERE WAS NO CHOICE*)
          Bm   **G**
WHEN HE TOLD HIS STORY 'BOUT TRAGIC AND GLORY
     A
MY HEART FELT HIS VOICE

Bm   **G**   **A**
          I WAS TOUCHED BY THAT VOICE
Bm   **G**   **A**   **Bm9**
          I WAS TOUCHED BY THAT VOICE

published 2015 on THOUGHTS ON AN ELECTRIC CHAIR (BM 1115)
BOGEYMAN MUSIC - BISHOPS AGENCY

LONELY HEART

Words & Music by

H. LANGE

Intro: **Cm**   **F**   **Ab**   **B+**

Chorus: **Cm**   **F**
LONELY HEART IN NO MAN'S LAND
         Ab   **Bb**
STREET GOES ON WITH NO BEND
       Cm   **F**
ALL ALONE YOU CAN'T SEE NO TENT
       Ab   **Bb**
ONLY DESERT WITH NO END

Cm   **Ab**   **Gm**   **Cm**   **Ab**   **Gm**
                 LONELY HEART IS IN PAIN
Cm   **Ab**   **Gm**   **Cm**   **Ab**   **Gm**
                 ON A DESERT PLAIN

Cm   **Ab** **Gm**   **Cm**   **Ab**   **Gm**
   THIS DESERT'S ALL I CAN SEE
Cm   **Ab**   **Gm** **Cm**   **Ab**   **G**
   CAN'T SEE ANY BLOOM OR ANY TREE   LONELY HEART IS IN PAIN
Cm   **Ab**   **Gm**   **Cm**   **Ab**   **Gm**
   MY EYES ARE TIRED LIKE MY FEET
Cm   **Ab**   **Gm**   **Cm**   **Ab**   **G**
   AND MY HANDS TREMBLE WITH THE HEAT   ON A DESERT PLAIN

F   **Fm**   **Cm**   **Ab**   **Gm**
                 LONELY HEART IS IN PAIN

Cm   **Ab**   **G**

Cm   **Ab**   **Gm**   **Cm**   **Ab**   **Gm**
   I JUST WALK, I CANNOT RUN
Cm   **Ab**   **Gm** **Cm**   **Ab**   **G**
   THERE IS NO SHADOW, ONLY SUN   BUT HE DOESN'T NEED RAIN
Cm   **Ab**   **Gm**   **Cm**   **Ab**   **Gm**
   I AM ALONE, A LONESOME ONE
Cm   **Ab**   **Gm**   **Cm**   **Ab**   **G**
   CIRCLING VULTURES, RISK WITHOUT FUN   ON A DESERT PLAIN

F   **Fm**
   WHEN THE NIGHT COMES DOWN THE SUN'S AWAY BUT I STAY ALONE

Chorus: **Cm**   **F**
LONELY HEART IN NO MAN'S LAND
         Ab   **Bb**
STREET GOES ON WITH NO BEND

```
          Cm                              F
ALL ALONE YOU CAN'T SEE NO TENT
            Ab              Bb
ONLY DESERT WITH NO END


  Cm        Ab        Gm
          LONELY HEART NEEDS NO RAIN
  Cm        Ab        Gm
          HE'S ALONE AND IN PAIN


  C5                    Ab5 G5          C5              Ab5 G5
     ONLY BURNING SAND UNDER MY FEET
  C5              Ab5   G5                      C5              Ab5
     MY HEART IS ACHING  -  NOT FROM THE HEAT
        G5    Cm     Ab  G        Cm              Ab     G
     A FLYIN' DOCTOR IS NOT WHAT I NEED
  Cm                          Ab          G
     I'M IN SEARCH OF THAT ONE FOR WHOM MY HEART BEATS
  Cm            Ab            G
                  LONELY HEART IS IN PAIN


  F                                              Fm
     WHEN THE NIGHT COMES DOWN THE SUN'S AWAY BUT I STAY ALONE


*Chorus:*              Cm                F
               LONELY HEART IN NO MAN'S LAND
                        Ab          Bb
               STREET GOES ON WITH NO BEND
                 Cm                F
               ALL ALONE YOU CAN'T SEE NO TENT
                  Ab            Bb
               ONLY DESERT
                 Cm                F
               LONELY HEART IN NO MAN'S LAND
                        Ab          Bb
               STREET GOES ON WITH NO BEND
                 Cm                F
               ALL ALONE YOU CAN'T SEE NO TENT
                  Ab        Bb
               ONLY DESERT  -  ONLY DESERT WITH NO END


               Cm          F           Ab          Bb

               Cm          F           Ab          B+
```

LOOK

Words & Music by

H. LANGE

Intro: **Fm7**   **Em7/F**   *://*

Fm7   **Bbm/F**
A SMELLY GIRL AND A DESPERATE BOY
Cm/F   **Bbm/F**   **Fm7**
ARE ON THEIR WAY - LOOKIN' FOR JOY
Bbm/F   **Cm/F**   **Bbm/F**
THEY SEE SUNSETS IN FRONT OF THEIR CAR
               Fm7   **Bbm/F**
SOME DAYS AGO THEY MET IN A BAR
Cm/F   **Bbm/F**
YOUR PROBLEM IS: THEY KNOW WHERE YOU ARE
Fm7   **Em7/F**
AND THEY WANT TO GET WHAT YOU TOOK
Fm7   **Em7/F**
AND SO YOU HAVE TO

Chorus: **Fm lick** *(notes: F Ab Bb B C B Bb Ab)*
LOOK - UNDER YOUR BED

YOU HAVE TO WATCH EVERY SHADOW

IF YOU DON'T SEE THEM YOU ARE DEAD
                  Bbm lick *(notes: Bb Db Eb E F E Eb Db)*
YOU HAVE TO LOOK - UNDER YOUR BED
        Fm lick
PLEASE WATCH EVERY SHADOW

    'CAUSE IF YOU DON'T SEE THEM YOU ARE DEAD
C7/#9 *notes:* F   G   Ab   Bb   B **C7/#9** F   G   Ab   Bb   B
TURN YOUR HEAD AND LOOK   FOR YOUR HUNTER
        Db   **G**   **C**
YOU HAVE TO LOOK

Interlude: **Fm7**   **Em7/F**   *://*

Fm7   **Bbm/F**   **Cm/F**
YOU HAVE TO KNOW THEY ARE IN YOUR STREET
Bbm/F   **Fm7**   **Bbm/F**   **Cm/F** **Bbm/F**
I SMELL YOUR SWEAT - BUT I'M SURE IT'S NOT FROM THE HEAT
Fm7   **Bbm/F**   **Cm/F**   **Bbm/F**
I THINK YOU HAVE TO HIDE - IT'LL BE THE DARKEST NIGHT
Fm7   **Em7/F**
SO YOU CAN'T SEE THEIR   HOOK

Fm7   **Em7/F**
        YOU HAVE TO

Chorus: **Fm lick** *(notes: F Ab Bb B C B Bb Ab)*
        LOOK - UNDER YOUR BED

        YOU HAVE TO WATCH EVERY SHADOW

        IF YOU DON'T SEE THEM YOU ARE DEAD
                Bbm lick *(notes: Bb Db Eb E F E Eb Db)*
        YOU HAVE TO LOOK - UNDER YOUR BED
            Fm lick
        PLEASE WATCH EVERY SHADOW

        'CAUSE IF YOU DON'T SEE THEM YOU ARE DEAD
  C7/#9 *notes:* F   G   Ab   Bb   B **C7/#9** F   G   Ab Bb B
        TURN YOUR HEAD AND LOOK   FOR YOUR HUNTER
      Db   **G   C**
        YOU HAVE TO LOOK

Solo: **Gm lick**   **Gm lick**   *://*
                                     YOU HAVE TO LOOK

        Bbm lick   **Bbm lick**
                                     YOU HAVE TO LOOK
        Gm lick   **Gm lick**   **C7/#9**
                                     YOU HAVE TO LOOK

        Db   **G   C**
            YOU HAVE TO

Chorus: **Fm lick** *(notes: F Ab Bb B C B Bb Ab)*
        LOOK - UNDER YOUR BED

        YOU HAVE TO WATCH EVERY SHADOW

        IF YOU DON'T SEE THEM YOU ARE DEAD
                Bbm lick *(notes: Bb Db Eb E F E Eb Db)*
        YOU HAVE TO LOOK - UNDER YOUR BED
            Fm lick
        PLEASE WATCH EVERY SHADOW

        'CAUSE IF YOU DON'T SEE THEM YOU ARE DEAD
  C7/#9 *notes:* F   G   Ab   Bb   B **C7/#9** F   G   Ab Bb B
        TURN YOUR HEAD AND LOOK   FOR YOUR HUNTER
      Db   **Eb   Fm**
        YOU HAVE TO LOOK

LOUP-GAROU

Words & Music by

H. LANGE

Intro: **Bbm/add9**

      Bbm   **Ab**   **:// 4x**   **A**

Bbm   **Ab**
  THE FRENCH QUARTER, EVERY NIGHT
Bbm   **Ab**
  ON SILENT STEPS, I BRING THE FRIGHT
Gb   **Ab**
  THERE ARE NO EYES BUT I FEEL YOUR FEAR
Bbm   **Ab**
  YOU ARE MY CHASE AND I'M HUNTING HERE

Bbm   **Ab**
  AROUND THE CORNER, A DARKER PLACE
Bbm   **Ab**
  NO PLAYIN' CARDS, BUT I'M THE ACE
Gb   **Ab**
  I SMELL YOUR BODY, I SEE YOUR MIND
Bbm   **Ab**
  THOUGH THERE'S NO LIGHT, BABY I'M NOT BLIND

Bridge: **Gb**   **F**   **Bbm** **Db** **Ebm7**
  I JUST WANT TO HOLD YOUR HAND
        Gb   **F**   **Bbm**   **Ab**
  IN THE MOMENT OF YOUR END

Bbm **Ab** **Bbm** **Ab** **Gb** **Ab** **Bbm** **Ab**
(DUP DUU DUU, DUP DUU DUU........)

Bbm   **Ab**
  THE FRENCH QUARTER, WHEN THEY SAY "BONNE NUIT"
Bbm   **Ab**
  THE MOON IS CALLIN', I'M GONNA BE
        Gb   **Ab**
  YOUR NIGHTMARE ON THE RUN, MY PASSION WITHOUT FUN
    Bbm   **Ab**
  BELIEVE ME, AND YOU CAN'T KILL ME WITH YOUR GUN

Bridge: **Gb**   **F**   **Bbm** **Db** **Ebm7**
  I JUST WANT TO HOLD YOUR HAND
      Gb   **F**   **Bbm**   **Ab**
  IN THE MOMENT OF YOUR END

Chorus: **Db**   **Ab**   **Bbm**   **Gb**
    YOU DON'T KNOW WHAT TO DO
Ab   **Gb**   **Bbm**   **Ab**
    I'M MR LOUP-GAROU
Db   **Ab**   **Bbm**   **Gb**
    DISCOVER FRIGHT AND FEAR
Ab   **Gb Ab Bbm**
    I MAKE YOU SHED A TEAR

Solo: **Bbm**   **Ab**   **Bbm**   **Ab**   **Gb**   **Ab**   **Bbm Ab**

Bridge: **Gb**   **F**   **Bbm**   **Db**   **Ebm7**
    I JUST WANT TO HOLD YOUR HAND
Gb   **F**
    IN THE MOMENT OF YOUR END

Chorus: **Db**   **Ab**   **Bbm**   **Gb**
    YOU DON'T KNOW WHAT TO DO
Ab   **Gb**   **Bbm**   **Ab**
    I'M MR LOUP-GAROU
Db   **Ab**   **Bbm**   **Gb**
    DISCOVER FRIGHT AND FEAR
Ab   **Gb**   **Bbm**   **Ab**
    I MAKE YOU SHED A TEAR
Db   **Ab**   **Bbm**   **Gb**
    YOU DON'T KNOW WHAT TO DO
Ab   **Gb**   **Bbm**
    I'M MR LOUP-GAROU
Gb   **Ab**   **Bbm**   **Db**
    DISCOVER FRIGHT AND FEAR
Gb   **F**   **Bbm**
    I MAKE YOU SHED A TEAR

LOVE, HATE AND TEARS

Words & Music by

H. LANGE

Intro: **Am**

Am
LITTLE GIRLS ARE ON THE ROAD AGAIN
                                 G
THE NIGHT IS HOT AND SO I HAVE TO SING ANOTHER SONG
E   **Am**
OF LOVE, HATE AND TEARS

SOME YEARS AGO, IT WAS THE SAME OLD THING
                               G
MY GIRL WAS GONE AND I HAD LOST MY CAR
E   **Am**
SO BLUE AND NO CHEERS

Chorus: **C**   **G**   **F**
LOVE, HATE AND TEARS
                G   **C**
I DON'T WANT TO MISS THESE THINGS
          G   **F**
LOVE, HATE AND TEARS
                               E
LIKE SUMMER, WINTER, AUTUMN, SPRING

Am
DAY BY DAY, YEAR BY YEAR
                               G
LIFE GOES ON AND THERE IS NO POINT TO STAY
E   **Am**
BLACK AND WHITE AND NEVER GREY

THE RIVER FLOWS, IT GOES AHEAD
                         G
NOW I'M JUST BORN AND NOW I'M DEAD
F   **G**   **Am**
WITH LOVE AND HATE AND BEING SAD

Chorus: **C**   **G**   **F**
LOVE, HATE AND TEARS
                   G   **C**
I DON'T WANT TO MISS THESE THINGS
       G   **F**
LOVE, HATE AND TEARS

                            E
LIKE SUMMER, WINTER, AUTUMN, SPRING

Solo: **Am**   **G**   **E**

             Am   **G**   **E**

             Am   **G**   **F**   **G**
LOVE, HATE AND TEARS
             Am   **G**   **F**   **G**
LOVE, HATE AND TEARS
             Am   **G/B**   **F/C**   **G/D**
LOVE, HATE AND TEARS
             Am   **G**   **F** **E**
LOVE, HATE AND TEARS

Chorus: **Cm**   **Gm**   **F**
LOVE, HATE AND TEARS
                            Cm
I DON'T WANT TO MISS THESE THINGS
        Gm   **F**
LOVE, HATE AND TEARS

      LIKE SUMMER, WINTER, AUTUMN, SPRING
    Cm   **Gm**   **F**
LOVE, HATE AND TEARS
                            Cm
I DON'T WANT TO MISS THESE THINGS
        Gm   **F**
LOVE, HATE AND TEARS
                            F#
LIKE SUMMER, WINTER, AUTUMN, SPRING
   F   **F#**
LIKE SUMMER, WINTER, AUTUMN, SPRING
   F   **F#**
LIKE SUMMER, WINTER, AUTUMN

ON THE RUN

Words & Music by

H. LANGE

Guitarlick-notes (no chords):   **G Bb C Db C Bb G F** *:⫽*

(this is later shown as Gm7 lick)

Intro: **C9   B9   C9   B9**   *(note)* **E**   **E9   F9   D9   E9**
Gm7 *(lick)*   **C9   B9**

      Gm7 *(lick)*
MY FEET WALK OUT THE DOOR AND TO MY CAR

EVERY NIGHT THE SAME - STARTIN' ENGINE, GLIMMERING STAR
C9   **B9**   **Gm7** *(lick)*   **C9   B9**
THE MOTORWAY - NO GIRL TO STAY
Gm7 *(lick)*
I JUST WANT TO SHOW MY BODY'S HEAT

I'M DRIVIN' FAST TO FIND SOMEONE TO TREAT
C9   **D9**   **Gm7** *(lick)*   **C9   B9**
THE SAME OLD GAME - SHAME SHAME
D9   **Db9**
I STOP MY CAR - I LEAVE THE SEAT
C9
HERE COMES THE TROUBLE
(notes) **D   C   Bb   C   Bb A Bb   A   G   A**
'CAUSE I LEAVE MY CAR AND I BREAK THROUGH THE DOOR
G   F   Gm7 *(lick)*   **C9   B9**
IN YOUR BAR

Gm7 *(lick)*
I AM WORKING AT MY COCKTAIL BAR

EVERY NIGHT THE SAME - I'M EVERYBODY'S STAR
C9   **B9**   **Gm7** *(lick)*
NO LOVELY BOYS - JUST HORNY TOYS
D9   **Db9**
I LOOK AROUND - I HEAR SOME NOISE
C9
THERE IS SOME TROUBLE
(notes) **D   C   Bb   C   Bb A Bb   A   G   A   G   F   Gm7** *(lick)*
I LEAVE MY CAR AND I BREAK THROUGH THE DOOR IN YOUR BAR

C9   B9

Chorus: **C9**

      I'M JUST PLAYIN' A GAME CALLED LOVE
           Gm7   Gm7/13   Gm7/b13   Gm7/13
      BABY BE MY DOVE
   C9
      I'LL GIVE NOTHING BUT HOT STUFF
           Gm7 Gm7/13 Gm7/b13 Gm7/13
      IT SEEMS A LITTLE BIT TOO ROUGH
   D9
      BABY MOVE YOUR BUM
      Db9   C9
      DECORATE YOUR ASS WITH BUBBLE GUM
        Gm7 *(lick)*   **C9   B9**
      I'M ON THE RUN

Solo: **Gm7**   **C9**
      //:**Gm7 Gm7/13 Gm7/b13 Gm7/13** :// **D9**   **Db9**

   C9
      HERE COMES THE TROUBLE
(notes) **D   C   Bb C Bb A Bb   A   G   A**
      I LEAVE MY CAR AND I BREAK THROUGH THE DOOR
   G   F   Gm7 *(lick)*   **C9   B9**
      IN YOUR BAR

Chorus: **C9**
      I'M JUST PLAYIN' A GAME CALLED LOVE
           Gm7   Gm7/13   Gm7/b13   Gm7/13
      BABY BE MY DOVE
   C9
      I'LL GIVE NOTHING BUT HOT STUFF
           Gm7 Gm7/13 Gm7/b13 Gm7/13
      IT SEEMS A LITTLE BIT TOO ROUGH
   D9
      BABY MOVE YOUR BUM
      Db9   C9
      DECORATE YOUR ASS WITH BUBBLE GUM
        Gm7 *(lick)*
      I'M ON THE RUN

      I'M ON THE RUN

      I'M ON THE RUN
        Gm7
      I'M ON THE RUN

PRAYER

Words & Music by

H. LANGE

Intro: **Am**

Am   **F**
I JUST WANNA BE THE ONE WHO'S LEAVING
C   **E**
PLEASE DON'T LET ME STAY AT HOME
Am   **F**
WHILE MY WIFE AND CHILDREN RUNNIN'
C   **E**
WHILE THE OTHERS START TO ROAM

F   **G**
DO YOU WANNA LET ME BE THE FIRST ONE
C   **C/B**   **Am**   **G**
DO YOU WANNA TAKE ME TO YOUR SIDE
F
PLEASE DON'T TAKE MY LOVE AWAY
G   **Am**
THIS WOULD BE MY ONLY FRIGHT

Am   **F**
EVERY MORNIN' WHEN I CLOSE MY EYES
               C   **E**
EVERY EVENIN' AND EVERY NIGHT
     Am   **G**   **F**   **Dm**
I'M WAITIN' FOR ANOTHER DAY'S SUNRISE
C   **F**   **G**   **E**
BACKYARD BALLADS AND GROWIN' FRIGHT

F   **G**
DO YOU WANNA LET ME BE THE FIRST ONE
C   **C/B**   **Am**   **G**
DO YOU WANNA TAKE ME TO YOUR SIDE
F
PLEASE DON'T TAKE MY LOVE AWAY
G   **Am**
THIS WOULD BE MY ONLY FRIGHT

Am
I JUST WANNA BE THE ONE WHO'S LEAVING

PLEASE DON'T LET ME STAY AT HOME

WHILE MY WIFE AND CHILDREN RUNNIN'
                              N.C.
WHILE THE OTHERS START TO ROAM

REST IN HEAT

Words & Music by

H. LANGE

Intro: **Bm**   **G**

        Bm   **G**   **Em** **F#** **Bm**

Chorus:
```
Bm                  A                   G
I DON'T WANT TO LEAVE THIS LIFE ALONE
                           E      F#      Bm
ON A DESERT ROAD FAR AWAY FROM HOME
Bm               A                G
BUT I HAVE TO GO THIS SILENT STREET
G                    E      F#    Bm
CIRCLING VOLTURES - REST IN HEAT
```

```
Bm                              A
A LITTLE BULLET SMASHED MY CHEST
G                       A
IT TOOK MY BREATH AWAY
Bm                      A
A BLOODY RIVER DYED MY BREAST
G                       A
I HAD TO RUN AND NOT TO STAY
```

Bridge:
```
G                      A            E
IT WAS MY LAST ESCAPE AND MY LAST AIM
G            A              Bm       A     E
NOW I STOP PLAYING THIS WICKED GAME
```

Chorus:
```
Bm                  A                G
I DON'T WANT TO LEAVE THIS LIFE ALONE
G            E      F#      Bm
ON A DESERT ROAD FAR AWAY FROM HOME
Bm               A                G
BUT I HAVE TO GO THIS SILENT STREET
G                    E      F#    Bm
CIRCLING VOLTURES - REST IN HEAT
```

```
Bm            A
I'M LIEIN' IN THIS DESERT'S SAND
G                       A
I CAN'T DESCRIBE MY PAIN
Bm                  A
I DIE ALONE, HERE COMES THE END
G                       A
I WAIT IN VAIN FOR SOME LIFESPENDING RAIN
```

Bridge: **G**   **A**   **E**
IT WAS MY LAST ESCAPE AND MY LAST AIM
G   **A**   **Bm**   **A**   **E**
NOW I STOP PLAYING THIS WICKED GAME

Chorus: **Bm**   **A**   **G**
I DON'T WANT TO LEAVE THIS LIFE ALONE
G   **E**   **F#**   **Bm**
ON A DESERT ROAD FAR AWAY FROM HOME
Bm   **A**   **G**
BUT I HAVE TO GO THIS SILENT STREET
G   **E**
CIRCLING VOLTURES

          G **F#**   **Bm**   **A**   **E**
REST IN HEAT - I HAVE TO DIE TONIGHT ALONE
          G **F#** **Bm**   **A**   **E**
REST IN HEAT - I DIE TONIGHT ALONE

Chorus: **Bm**   **A**   **G**
I DON'T WANT TO LEAVE THIS LIFE ALONE
G   **E**   **F#**   **Bm**
ON A DESERT ROAD FAR AWAY FROM HOME
Bm   **A/C#**   **G/D**
BUT I HAVE TO GO THIS SILENT STREET
G/D   **E**   **F#**   **G**   **A** **Bm**
CIRCLING VOLTURES - REST IN HEAT

published 2003 on SWEAT (BM 0503)

BOGEYMAN MUSIC - BISHOPS AGENCY

RIVER

Words & Music by

H. LANGE

Intro: A   B

C#m   B   A
HE'S STARRING AT THE WATER, THE RIVER FLOWS, IT'S TAKEN AWAY
C#m   B   A   C#m
DON'T KNOW WHAT HE'S LOOKIN' FOR
                        B   A
THIS STRONG GUY ALWAYS SITTING HERE WHEN HIS WORK IS DONE
C#m   B   A   C#m
DOES HE WAIT FOR ANYONE ?
                  B   A   C#m
I DON'T KNOW HIS FACE IS TURNED AWAY

Chorus: E   B
NOW HE'S LIEIN' AT THE RIVER EVERY DAY
    A   E   B/D#
A SILENT GRAVE - A PLACE TO STAY
C#m   B
NOW HE'S STARRING WITH HIS BROKEN EYES AWAY
      A   G#   C#m A B C#m A B
AT HIS RIVER EVERY NIGHT AND EVERY DAY

C#m   B   A
LITTLE JULIE WALKED AWAY - I SAW HER EYES
C#m   B A   C#m
TEARS WERE RUNNING - SHE LOOKED NICE
B   A   C#m
IN HER HAND A SMOKING GUN, TRUTH NO LIES
              B   A
WHAT HAD SHE DONE ?   WHAT FALLEN DICE ?

Chorus: E   B
NOW HE'S LIEIN' AT THE RIVER EVERY DAY
    A   E   B/D#
A SILENT GRAVE - A PLACE TO STAY
C#m   B
NOW HE'S STARRING WITH HIS BROKEN EYES AWAY
      A   G#   C#m
AT HIS RIVER EVERY NIGHT AND EVERY DAY

       B   A   G#   G#m

F#m   C#m
    SOME YEARS AGO THEY WERE A COUPLE, HE 'N' JULE
F#m   C#m
    IT WAS THE HOTTEST THING ON EARTH
F#m   C#m
    THEY PLAYED THEIR GAMES AND LIVED THEIR LIFES

    WITH THEIR OWN RULES
F#m   E
    BUT AFTER TIMES THEY LOST THIS LOVE
                    A   B   C°
    AND SO THIS STORY IS SO CRUEL

Chorus: E   B
                  NOW HE'S LIEIN' AT THE RIVER EVERY DAY
               A   E   B/D#
                  A SILENT GRAVE - A PLACE TO STAY
               C#m   B
                  NOW HE'S STARRING WITH HIS BROKEN EYES AWAY
                       A   G#   C#m
                  AT HIS RIVER EVERY NIGHT AND EVERY DAY
               E   B
                  NOW HE'S LIEIN' AT THE RIVER EVERY DAY
               A   E   B/D#
                  A SILENT GRAVE - A PLACE TO STAY
               C#m   B
                  NOW HE'S STARRING WITH HIS BROKEN EYES AWAY
                       A   G#   C#m
                  AT HIS RIVER EVERY NIGHT AND EVERY DAY
                       A   G#   C#m
                  AT HIS RIVER EVERY NIGHT AND EVERY DAY
                       A   G#   C#m7/sus9
                  AT HIS RIVER EVERY NIGHT AND EVERY DAY

published 2006 on HOLLYWOOD BOULEVARD (BM 0606),

2007 on SUNSET BAR (BM 0707)

BOGEYMAN MUSIC - BISHOPS AGENCY

ROAD TO PERDITION

Words & Music by

H. LANGE

Intro: **Dm**   **Dmadd13**   **Dmadd11**   **Dmadd11/F**   **Dmadd11/E**

Dmadd11/F   **Dmadd11/E**   **Dm**

Chorus: **Dm**   **F**
ON A ROAD TO PERDITION HE'S SLIPPIN' FAR AWAY
        C   **G**   **Dm**   **G/C G/B G/C**
NO NEWS NO MTVISION, NO REASON TO STAY
        Dm   **F**
ON A ROAD TO PERDITION, JUST LOOKIN' FOR SOME FUN
C   **G**   **Dm**
LONELY SUPER HERO, THIS DEVIL IS ON THE RUN

G   **Dm**
IT'S A PERFECT DAY FOR A TRIP TO DESERT VALLEY
G   **Dm**
BLACK SKY, WHITE EYES
G   **Dm**
ON HIS RIDE HE IMPREGNATES AND SHAVES SOME BELLIES
G   **F**   **F/E**   **Dm**
AND TONIGHT HE DIES

        G   **Dm**   **G**   **Dm**
ON A ROAD TO PERDITION
        G   **Dm**   **G**   **F F/E Dm**
NO LOVE, JUST HORNY VISION

G   **Dm**
ON THE ROAD HIS SPOOKY MIND
G   **Dm**
THE ONLY PART OF HIM YOU'LL FIND
G   **Dm**
BUT THIS SPIRIT DIDN'T DIE
G   **F**   **F/E**   **Dm**
TAKE A SMELL AND TRY TO FLY

Chorus: **Dm**   **F**
ON A ROAD TO PERDITION HE'S SLIPPIN' FAR AWAY
        C   **G**   **Dm**   **G/C G/B G/C**
NO NEWS NO EMTY VISION, NO REASON TO STAY
        Dm   **F**
ON A ROAD TO PERDITION, JUST LOOKIN' FOR A FRIEND
C   **G**   **Dm**
LONELY SUPERSTITION, THIS DEVIL DARES THE END

Solo: **Gm7** **Dm** **Gm7** **Dm**

      G   **Dm** **G** **F F/E Dm**

Chorus:
     Dm   **F**
ON A ROAD TO PERDITION HE'S SLIPPIN' FAR AWAY
    C   **G**   **Dm**   **G/C G/B G/C**
NO NEWS NO EMTY VISION, NO REASON TO STAY
     Dm   **F**
ON A ROAD TO PERDITION, JUST LOOKIN' FOR A FRIEND
  C   **G**   **Dm**
LONELY SUPERSTITION, THIS DEVIL DARES THE END
     Dm   **F**
ON A ROAD TO PERDITION HE'S SLIPPIN' FAR AWAY
    C   **G**   **Dm**   **G/C G/B G/C**
NO NEWS NO EMTY VISION, NO REASON TO STAY
     Dm   **F**
ON A ROAD TO PERDITION, JUST LOOKIN' FOR A FRIEND
  C   **G**   **Dm**
LONELY SUPERSTITION, THIS DEVIL DARES THE END
Dm **Dm/C** *:// 5x*   **Dm**
THIS DEVIL DARES THE END

ROSANNA

Words & Music by

H. LANGE

Intro: **F#m**   **Emadd9**   :// 4x

      F#m   **C#m**
EVERYTHING IS OVER, I'M LIEIN' HERE ALONE
        A   **B**
MY WOODEN CASE OF ROSES, LIEIN' LIKE A STONE
C#m   **F#m**   **A**
I'M ALREADY GONE, ONE LONELY TEAR FLOWS DOWN
E   **B**
ALONG A SAD FACE, THEN FALLIN' ON THE GROUND

      F#m   **C#m**
EVERYTHING IS DIEIN', EVERYTHING'S AWAY
        A   **B**
MY BODY IS LIEIN', MY MIND COULDN'T STAY
   C#m   **F#m**   **A**
FORGOTTEN TIMES OF LIVIN', FORGOTTEN DAYS OF LIFE
      E   **B**
IF I COULD MOVE MY LIPS, I'D KISS YOU LOT GOODBYES

Chorus: **A**   **G#m**   **C#m**
ROSANNA, DON'T CRY TOO MUCH 'BOUT ME
      F#   **E** **B C#m**
ROSANNA, PLEASE LET IT BE
      A   **G#m**   **C#m**
ROSANNA, THERE'S NO REASON TO BREAK DOWN
      F#   **E**   **B**   **C#m**
ROSANNA, I'M LIVIN' UNDERGROUND

Interlude: **F#m**   **Emadd9** :// 2x

    F#m   **C#m**
I LEFT THIS WORLD BEHIND ME, I LEFT MY HOME SWEET HOME
     A   **E**   **B**   **C° D#°**
BUT I WILL ALWAYS LOVE YOU, OH ROSANNA DON'T YOU KNOW
C#m   **F#m**   **A**
TEARDROPS SHOW MY FEELINGS BUT I CAN'T HOLD 'EM BACK
     E   **B**
ROSANNA LEAVE MY GRAVEYARD, BEFORE I GET A HEART ATTACK

Chorus: **A**   **G#m**   **C#m**
ROSANNA, DON'T CRY TOO MUCH 'BOUT ME
    F#   **E** **B C#m**
ROSANNA, PLEASE LET IT BE

```
     A                    G#m                      C#m
ROSANNA, THERE'S NO REASON TO BREAK DOWN
     F#          E      B           C#m
ROSANNA, I'M LIVIN' UNDERGROUND
     A                    G#m                      C#m
ROSANNA, DON'T CRY TOO MUCH 'BOUT ME
     F#                   E    B  C#m
ROSANNA, PLEASE LET IT BE
     A                    G#m                      C#m
ROSANNA, THERE'S NO REASON TO BREAK DOWN
     F#          E      B           C#m
ROSANNA, I'M LIVIN' UNDERGROUND
     F#          E      B              C#m
ROSANNA, I'M LIVIN' UNDERGROUND
     F#          E      B           C#m
ROSANNA, I'M LIVIN' UNDERGROUND
```

SADNESS

Words & Music by

H. LANGE

CAPO 2nd fret

Intro:	C	Em	Am	G
	Cmaj7	Asus9	Em	D
	C	Em	Asus9	G
//: Em	D	A/C#	Em ://	


```
Em
WALKIN' THE MOST LONESOME ROADS      D
                                     WALKIN' ALL NIGHT LONG
C                                    D/F#              A/C#
SLEEPIN' IN THE DEEPEST DREAMS        YOU'RE SO DAMN STRONG
Em                                   D
DRIVIN' JUST THE BIGGEST CARS         MILLION MILES A DAY
C9                      G                 D/F#           A/C#
AND YOU ARE THE HOTTEST GIRL          BUT NOW YOU ARE AWAY
```


Interlude:	C	Em	Am	G
	Cmaj7	Asus9	Em	D
	C	Em	Asus9	G
//: Em	D	A/C#	Em ://	


```
Em                                           D
SPENDED ALL THE SWEETEST KISSES              GAVE ME ALL I NEED
C9
SAVED MY NIGHTS FROM DARKEST NIGHTMARES
     G                        D/F#
YOU WERE MY COLD AND HEAT
```

Chorus:

    C   Em   Am   G
SADNESS IN MY EYES   WHEN I SAW YOUR LAST SUNRISE
      C   Am   Em   D
I'VE NEVER FELT THIS MOURNING ONCE BEFORE
C   Em
SADNESS SINCE YOU'RE GONE
   Am   G
BEFORE YOUR WORK WAS DONE
Em   D   A/C# Em
I WON'T HOLD YOUR HANDS NO MORE
Em   D   A/C# Em
I WON'T HOLD YOUR HANDS NO MORE

SAIL AWAY

Words & Music by

H. LANGE

Intro: **Bm**

Bm
SAIL AWAY WITH ME HONEY
Bm11/A
TAKE MY HEART IN YOUR HANDS
Gmaj7
I HAVE LOST ALL MY MONEY
Bm11/E
AND MY LIFE - IT'S THE END

Bm
THERE WERE TIMES OF CONFUSION
Bm11/A
LET ME WHISPER IN YOUR EAR
Gmaj7
OUR LOVE IS MY ETERNITY
Bm11/E
NOW I SEE IT CLEAR

G   **A**   **Bm**   **A**
IF I COULD TURN THE WHEELS BACK
G   **Em**   **Bm**
I WOULD TELL IT TO YOU - BUT I'M DEAD

Solo: **Bm**   **Bm11/A**   **Gmaj7**   **Em**

Bm/F#   **Bm**
SAIL AWAY WITH ME HONEY
Bm11/A
TAKE MY HEART IN YOUR HANDS
Gmaj7
I DON'T KNOW WHY I'VE DONE IT
Bm11/A   *N.C.*
BUT I KNOW - IT'S THE END

YOU MAY NOT KNOW THE BUCKET BOYS, BUT DON'T GRIEVE.
MOST PEOPLE OF THE WORLD DON'T KNOW THEM.

BUT MAYBE YOU'VE HEARD OR FELT ABOUT SANTOS DELGADO.
THE STORYTELLER CONTINUALLY WHISPERING IN EVERYBODY'S HEAD.
HE IS WELL-KNOWN IN MOST CIRCLES - HIS THOUGHTS AND EMOTIONS, HIS
FEAR AND BROKEN DREAMS, BUT NOT AT LEAST HIS LOVE AND HOPE, TOO.

LIFE IS NOT CONTINOUS. A DIFFERENT KIND OF MOMENTS - SOME ARE
STRONG, SOME GENTLE. YOU HAVE TO FEEL THE GOOD ONES AND TO ACCEPT
THE BAD. THIS IS WHAT SANTOS TRIED TO TELL US.

IN MEMORY OF

SANTOS DELGADO

R_{EST} I_N P_{AIN}

SANTA MUERTE

Words & Music by

H. LANGE

Intro: **C#5/addb5/9**

SANTA MUERTE IS COMIN TO TAKE YOU HOME
SANTA MUERTE - SHE TAKES ALL YOUR PROBLEMS
SANTA MUERTE MAKES YOU FALLING ASLEEP

C#m   **C#mmaj7**   **Cm7**   **C#m/add13**
IM ON MY WAY   I DO MY DIRTY LITTLE JOB
C#m   **C#mmaj7**   **Cm7**   **C#m/add13**
A SPECIAL AGENT   LOOKIN FOR A KILLER
C#m   **C#mmaj7**   **Cm7**   **C#m/add13**
THE SUN IS BURNIN   A SOUTHERN ROAD, A SWEATIN COP
C#m   **C#mmaj7**   **Cm7**   **C#m/add13**
WHICH KIND OF SUNGLASS SHOULD I WEAR
F#   **A**   **B**   **C#m C#mmaj7 C#m7 C#m/add13**
WHICH ONE SHOULD I TAKE ?

C#m   **C#mmaj7**   **Cm7**   **C#m/add13**
A TRAFFIC JAM   IM WAITIN IN MY CAR
C#m   **C#mmaj7**   **Cm7**   **C#m/add13**
IN FRONT OF ME   A HAIRLESS HEAD
C#m   **C#mmaj7**   **Cm7**   **C#m/add13**
ITS TURNIN AROUND   A SMILE ON HIS FACE
C#m   **C#mmaj7**   **Cm7**   **C#m/add13**
A BOY WITH BLACK EYES   HIS GLANCE A BURNING BLAZE

F#   **A**   **B**   **C#m C#mmaj7 C#m7 C#m/add13**
SANTA MUERTE - IS COMIN TO TAKE ME HOME
F#   **A**   **B**   **C#m C#mmaj7 C#m7 C#m/add13**
SANTA MUERTE - COME ON GIRL, TAKE ME HOME

C#m   **C#mmaj7**   **Cm7**   **C#m/add13**
HIS RAISING HANDS   HE SHOWS WHAT IVE ALREADY SEEN
C#m   **C#mmaj7**   **Cm7**   **C#m/add13**
A BLACK CIRCLE   HIS FINGERS ARE LEAN
C#m   **C#mmaj7**   **Cm7**   **C#m/add13**
THEYRE PLAYIN WITH THE TRIGGER   IM LOOKIN IN THAT HOLE
C#m   **C#mmaj7**   **Cm7**   **C#m/add13**
THE BULLETS GETTING BIGGER   I KNOW WHAT HE WILL DOLE

F#   **A**   **B**   **C#m C#mmaj7 C#m7 C#m/add13**
SANTA MUERTE - IS COMIN TO TAKE ME HOME
F#   **A**   **B**
SANTA MUERTE - COME ON GIRL, TAKE ME HOME

Chorus: **C#m   E   A   G#**
        SANTA MUERTE   BABE I BELIEVE IN
        C#m   E   A   G#
        SANTA MUERTE   SHE IS WITHOUT SIN
        C#m   E   A   G#
        SANTA MUERTE   COME ON LETS PRAY TOGETHER
        C#m   C#m/B   F#/A#
        SANTA MUERTE   SHE IS SMOOTH AND CLEVER

        C#m   C#mmaj7   Cm7   C#m/add13

C#m   C#mmaj7   Cm7   C#m/add13
THE BULLET FLIES   CRASHIN WINDOW, BIG SURPRISE
C#m   C#mmaj7 Cm7   C#m/add13
BETWEEN MY EYES   THE LAST SUNRISE
C#m/F# *(with variation)*
THERES NO MORE TIME TO THINK FAREWELL, TO SAY GOODBYE
C#m   C#mmaj7   Cm7   C#m/add13
I CANT REALIZE   THAT I'VE TO DIE

F#   A   B
SANTA MUERTE - COME ON GIRL, TAKE ME HOME

Chorus: **C#m   E   A   G#**
        SANTA MUERTE   BABE I BELIEVE IN
        C#m   E   A   G#
        SANTA MUERTE   SHE IS WITHOUT SIN
        C#m   E   A   G#
        SANTA MUERTE   COME ON LETS PRAY TOGETHER
        C#m   C#m/B   F#/A#
        SANTA MUERTE   SHE IS SMOOTH AND CLEVER

Outro: **C#5/addb5/9**

        SANTA MUERTE IS COMIN TO TAKE YOU HOME
        SANTA MUERTE - SHE TAKES ALL YOUR PROBLEMS
        SANTA MUERTE MAKES YOU FALLING ASLEEPP

C#m   C#mmaj7   Cm7   C#m/add13
ON MY WAY   I HAD A DIRTY LITTLE JOB
C#m   C#mmaj7   Cm7
A SPECIAL AGENT   I FOUND THAT FUCKIN KILLER

published 2011 on LEAVIN' GAIL (BM 1011), 2020 on TWENTYFIVE (BM 1620)

BOGEYMAN MUSIC - BISHOPS AGENCY

SHE WAS KISSIN'

Words & Music by

H. LANGE

Chorus:
```
            E                    A         B7
SHE WAS KISSIN' ME WHILE I WAS DRUNKEN
            E                    A         B7
HER RED LIPS SINCE THIS TIME ON MY MIND
            E                    A         B7
SHE WAS KISSIN' ME WHILE I WAS DRUNKEN
            E                    A    B7      E
NO BETTER MOUTH, NO BETTER GIRL TO FIND

            F/E          E        F/E
```

```
E                 C#m
A LONG WAY FROM HOME
      G#m         F#                    E
I WAS WALKING WITH LAZY LEGS, ACHING MUSCLES, ACHING BONE
E                 C#m
LONG DAYS ALONE
   G#m              F#                  E
I LEFT MY GIRL, I LEFT HER WORLD, MY HEART A BROKEN STONE
E                 C#m
A THOUSAND MILES AWAY
      G#m                F#               E
NO TURNIN' BACK, JUST WALK AHEAD, EVERY NIGHT AND EVERY DAY
E                 C#m
NO PLACE TO STAY
        G#m        F#         E
SOME BAD MISTAKES IN MY PAST, NOW I HAVE TO PAY
```

Interlude:
```
          E    A    B7        E    A  B7  E   F/E   E   F/E
```

```
E       C#m
I SAW A LIGHT
     G#m                  F#               E
IN FRONT OF ME THERE STOOD A GIRL, AN ANGEL NO FRIGHT
E                 C#m
THIS GIRL WAS TIGHT
        G#m                F#
FROM HEAVEN SENT, A KNIFE IN HER HAND
E
FOOD AND DRINK AWAY THE NIGHT
E         C#m
I DRUNK IT ALL
   G#m              F#              E
I ATE THIS FOOD, I TOOK HER LIGHT, I COULDN'T HEAR YOU CALL
```

E   **C#m**
AND NOW I FALL
     G#m   **F#**   **E**
I'M SLIPPIN' AWAY TO THE OTHER SIDE, HER KISSES MADE ME TALL

Chorus: **E**   **A**   **B7**
              SHE WAS KISSIN' ME WHILE I WAS DRUNKEN
              E   **A**   **B7**
              HER RED LIPS SINCE THIS TIME ON MY MIND
              E   **A**   **B7**
              SHE WAS KISSIN' ME WHILE I WAS DRUNKEN
              E   **A**   **B7**   **E**   **B7**
              NO BETTER MOUTH, NO BETTER GIRL TO FIND

Break: **E**   **A**
              NANANANANANANA
              B7
              SHE WAS KISSIN' – SHE WAS KISSIN' ME   :// 4x

Chorus: **E**   **A**   **B7**
              SHE WAS KISSIN' ME WHILE I WAS DRUNKEN
              E   **A**   **B7**
              HER RED LIPS SINCE THIS TIME ON MY MIND
              E   **A**   **B7**
              SHE WAS KISSIN' ME WHILE I WAS DRUNKEN
              E   **A**   **B7**   **E**
              NO BETTER MOUTH, NO BETTER GIRL TO FIND

600 MILES

Words & Music by

H. LANGE

Am   Bb/A
600 MILES AWAY FROM HOME
     Am   Fmaj7/9   E
TOO MUCH SUNRISE WITHOUT YOUR EYES IN MY MIRROR
  Am   Bb/A
600 GUYS TRY TO MAKE ME LOSE MY HOME
     Am   Fmaj7/9   Gadd13
BUT I WAS TOO FAST   I SENT MY BULLETS TO THEIR BREAST

Am   Dm   Fmaj7/9   Gadd13
I DON'T WANT TO KILL YOU ANY LONGER
Am   Dm   Bb   A
NOW I KNOW I NEED YOU BY MY SIDE BY MY SIDE

Am   Bb
600 MILES TOO FAR AWAY FROM HOME
    Am   Fmaj7/9   Gadd13
A LOT OF SUNSETS WITH DESERT'S TOUCH ON MY SKIN
   Am   Bb
600 FIGHTS AND I WAS NEVER FALLING DOWN
      Am   Fmaj7/9   Gadd13
BUT DON'T CALL ME WINNER CAUSE I'M TOO LONELY TONIGHT

Am   Dm   Fmaj7/9   Gadd13
I DON'T WANT TO KILL YOU ANY LONGER
Am   Dm   Bb   A
NOW I KNOW I NEED YOU BY MY SIDE BY MY SIDE

E   G   Am   C
TEARDROPS IN THE DESERT'S SAND
E   G   Am   Am/G   D9/F#   D9/F
I DON'T KNOW WHEN THIS TALE ENDS
E   G   Am   Am/B
ON SENSELESS WAYS YOU'D LOSE YOUR AIM
C   G/B   Am   Am/G Fmaj7/9 G   Am
IF YOU'VE DIED   SIX   HUNDRED TIMES

SPANISH SUN

Words & Music by

H. LANGE

Intro: **Fm**   **Dbmaj7**   **Ab/C**
              Fm   **Dbmaj7**   **Ebmaj7**   *://*

Fm   **Dbmaj7**   **Ab/C**
THE SPANISH SUN IS BURNIN' MY BRAIN
Fm   **Dbmaj7**   **Ebmaj7**
HORRIBLE HEAT - SOME YEARS WITHOUT RAIN
Fm   **Dbmaj7**   **Ab/C**
I SEE A DESERT - THERE'S NOTHIN' TO GAIN
Fm   **Dbmaj7**   **Ebmaj7**
YES I'M ALIVE - BUT LIFE MEANS PAIN
Bbm7   **Cm7**   **Fm**   **Dbmaj7**   **Ab/C**
HE'S ALIVE BUT LIFE MEANS PAIN
Fm   **Dbmaj7**   **Ebmaj7**

Fm   **Dbmaj7**   **Ab/C**
THE BURNING HEAT EVAPORATES MY TEARS
Fm   **Dbmaj7** **Ab/C**
ALL I WANT IS TO DISAPPEAR
Fm   **Dbmaj7**   **Ab/C**
I'M NOT ANGRY AND THERE'S NO FEAR
Fm   **Dbmaj7** **Ebmaj7**
ALTHOUGH I FEEL A GUN IN MY REAR
Bbm7   **Cm7**   **Fm**   **Dbmaj7**   **Ab/C**
HE FEELS A PISTOL IN HIS REAR
Fm   **Cm7** **Dbmaj7** **Eb** **E°**

Chorus: **Fm**   **Dbsus9**   **Bbsus9**
           I SIT AT HOME IN MY ARMCHAIR
           Fm   **Dbsus9**   **Bbsus9**
           I WANNA BE LIKE JOHNNY WAYNE
           Fm   **Dbsus9**   **Bbsus9**
           I'M GETTIN' FAT - LOSIN' MY HAIR
           Fm   **Dbsus9**   **Bbsus9**
           WHEN I SEE THESE MOVIES I'M IN PAIN

Interlude: **Fm**   **Dbmaj7**   **Ab/C**
               Fm   **Dbmaj7**   **Ebmaj7**   *://*

Fm   **Dbmaj7** **Ab/C**
I SEE THE GALLOWS IN THE SUN
Fm   **Dbmaj7** **Ab/C**
SOMEBODY'S FIRIN' A RUSTY GUN

```
Fm                              Dbmaj7    Ebmaj7
   CAN'T COMPREHEND WHAT I HAVE DONE
Fm                                Dbmaj7    Ab/C
   THIS TATTERING GIBBET MAKES ME NUMB
Bbm7              Cm7                 Fm         Dbmaj7      Ab/C
   HE SEES THE GALLOWS AND GETS NUMB
Fm                         Cm7  Dbmaj7  Eb  E°
```

Chorus: Fm   Dbsus9   Bbsus9
```
   I SIT AT HOME IN MY ARMCHAIR
Fm          Dbsus9          Bbsus9
   I WANNA BE LIKE JOHNNY WAYNE
Fm            Dbsus9          Bbsus9
   I'M GETTIN' FAT  -  LOSIN' MY HAIR
Fm                      Dbsus9      Bbsus9
   WHEN I SEE THESE MOVIES I'M IN PAIN
```

Break: Ebm   Db   Cm7/b5   Bmaj7   ://
```
                               FEEL THE PAIN NOW
                               FEEL THE PAIN
```

Chorus: Fm   Dbsus9   Bbsus9
```
   I LEAVE MY HOME AND MY ARMCHAIR
Fm              Dbsus9              Bbsus9
   I'M RUNNING THROUGH THE SPANISH RAIN
Fm          Dbsus9          Bbsus9
   I'M GETTIN' FREE  -  LOSIN' MY SCARE
Fm          Dbsus9      Bbsus9
   I SELL MY TV AND MY PAIN
Fm              Dbsus9          Bbsus9
   I LEAVE MY HOME AND MY ARMCHAIR
Fm              Dbsus9              Bbsus9
   I'M RUNNING THROUGH THE SPANISH RAIN
Fm          Dbsus9          Bbsus9
   I'M GETTIN' FREE  -  LOSIN' MY SCARE
Fm          Dbsus9      Bbsus9
   I SELL MY TV AND MY PAIN
```

Outro: Fm   Dbmaj7   Ab/C
```
         Fm                   Dbmaj7    Ab/C
         Fm
```

published 1999 on SPANISH SUN (BM 0199)

BOGEYMAN MUSIC - BISHOPS AGENCY

TAKE MY HANDS

Words & Music by

H. LANGE

```
Intro:      A/C#        D      :// (4x)

Chorus:     A/C#        D         F#m        E
            DON'T YOU FEEL       MY HEART BEATIN'
            A/C#        D      F#m    E
            THERE'S A SILENCE IN MY ROOM
            D          A           E       F#m
            TAKE MY HANDS       I CAN'T FEEL THEM
             Bm     Bm/A      G#m7/b5   E
            I'M GOIN' HOME TODAY
```

```
F#m                                         A
     A LITTLE GIRL ONCE LIVED HER DREAM
Bm                                      E
     SHE FELT SO LUCKY  -  SHE WAS SCREAMIN'
F#m                                    A
     TIMES OF JOY  -  SHE FELT SO FREE
Bm                                     E
     SHE LIVED HER LIFE LIKE SHE WAS DREAMIN'
F#m                               A
     GROWIN' UP SHE MET A BOY
                    Bm           E
     THIS TASTE OF LOVE WAS SO AMAZIN'
F#m                                       E/G#
     THEY WALKED TOGETHER FROM THAT POINT
           A/C#       D           E
     AND NOTHING YET COULD SEPARATE THEM
```

```
Interlude:   A/C#        D         F#m        E

             A/C#        D         F#m        E

             D          A          E          F#m

             Bm         Bm/A       G#m7/b5    E
```

```
F#m                                         A
     BEHIND THE SCENES APPEARS SOME PAIN
Bm                                     E
     BROKEN EYES  -  SHE STARTED FALLIN'
F#m                                       E/G#
     DON'T THINK THAT LIFE HAS BEEN IN VAIN
     A/C#       D                         E
     RIVERS ONLY FLOW  -  A NEW WORLD'S CALLIN'
```

Chorus:
```
A/C#        D          F#m         E
DON'T YOU FEEL        MY HEART BEATIN'
A/C#        D       F#m    E
THERE'S A SILENCE IN MY ROOM
D         A          E      F#m
TAKE MY HANDS        I CAN'T FEEL THEM
   Bm    Bm/A    G#m7/b5   E  A
I'M GOIN' HOME TODAY
```

```
D                    Bm                      F#m        E/G#        A
WHERE ARE ALL THESE DETACHES TIMES
D              A         E      F#m         E
NOW TAKE LEAVE SO SWEET AND KIND
```

Chorus:
```
A/C#    N.C.                  F#m     E
DON'T YOU FEEL        MY HEART BEATIN'
A/C#    N.C.             F#m    E
THERE'S A SILENCE IN MY ROOM
D         A          E      F#m
TAKE MY HANDS        I CAN'T FEEL THEM
   Bm    Bm/A    G#m7/b5   E
I'M GOIN' HOME TODAY
A          Bm         D          E
DON'T YOU FEEL        MY HEART BEATIN'
A          Bm    F#m    E
THERE'S A SILENCE IN MY ROOM
D         A          E      F#m
TAKE MY HANDS        I CAN'T FEEL THEM
   Bm    Bm/A    G#m7/b5   E
I'M GOIN' HOME TODAY
        Bm         Bm/A     G#m7/b5    Gmaj7
THERE'S NO MORE TIME TO STAY
```

TAKE YOUR SUITCASE

Words & Music by

H. LANGE

Intro: F   F Dm Am   Bb   F C

```
F                                    C
COME ON LITTLE BUDDY, TAKE YOUR SUITCASE
Dm                                   A
TAKE THE DAMN TRAIN TO NO MAN'S LAND
Bb                                        F
DON'T FORGET YOUR BABY WHEN YOU'RE LEAVIN'
Dm              C            F
AND SEND HER A POSTCARD BEFORE END


F                       C
IF YOU MEET ANOTHER PRETTY LADY
Dm                            A
THINK ABOUT YOUR MISTAKES IN THE PAST
Bb                          F
TRY TO LEAVE THE ROOM SLOWLY BACKWARDS
      Dm            C          F
AND OUTSIDE TURN AROUND AND RUN FAST


Dm                        Am
HAVE A LOOK ON ME, I'M TELLIN' YOU MY FATE
Bb                    F         C
LISTEN TO MY WORDS BEFORE IT IS TOO LATE
Dm                          Am
PLEASE LOOK DOWN TO ME, I'M LIEIN' ON THE GROUND
Bb                                    F          C
PLEASE DON'T LOOK FOR ALL THESE THINGS   I HAVE NEVER FOUND
```

Interlude: F Dm Am Bb F C

```
Dm                              Am
PLEASE LOOK DOWN TO ME, I'M LIEIN' ON THE GROUND
Bb                                    F          C
PLEASE DON'T LOOK FOR ALL THESE THINGS   I HAVE NEVER FOUND
```

F   C
COME ON LITTLE BUDDY, TAKE YOUR SUITCASE
Dm   A
TAKE THE DAMN TRAIN TO NO MAN'S LAND
Bb   F
DON'T FORGET YOUR BABY WHEN YOU'RE LEAVIN'
Dm   C   F
AND SEND HER A POSTCARD BEFORE END
Dm   C   F
AND SEND HER A POSTCARD BEFORE END

TEQUILA

Words & Music by

H. LANGE

<pre>
Intro: G#   F#   G#   F#   :// (4x)

        G#   F#   G#   F#
TEQUILA - HAVE YOU HEARD ABOUT TEQUILA
                            G#
DID YOU THINK ABOUT TEQUILA
F#   G#   F#
IF YOU WANNA DRINK
        G#   F#   G#   F#
TEQUILA - DID YOU SEE SOME DRINK TEQUILA
                             G#
DO YOU LIKE TO TRY TEQUILA
F#   G#   F#
IF YOU WANNA DRINK

  C#   B   C#   B
   SOME DRINK WHISKEY - SOME DRINK BEER
C#   B   C#   B
   IF I DO SO, I GET RUNNING TEARS
D#   C#   D#   C#
   SOME DRINK WINE AND SOME DRINK WATER
D#
   IF I DO SO, TAKE ME TO THE SLAUGHTER

      G#   F#   G#   F#
TEQUILA - HAVE YOU HEARD ABOUT TEQUILA
                            G#
DID YOU THINK ABOUT TEQUILA
F#   G#   F#
IF YOU WANNA DRINK
      G#   F#   G#   F#
TEQUILA - DID YOU SEE SOME DRINK TEQUILA
                            G#
DO YOU LIKE TO TRY TEQUILA
F#   G#   F#
IF YOU WANNA DRINK
</pre>

```
C#                  B        C#              B
    SOME DRINK MILK AND SOME DRINK GIN
C#            B              C#    B
    IF YOU ASK ME, BABY: ITS A SIN
D#                C#          D#              C#
    SOME DRINK TWO AND SOME DRINK JUST ONE
D#
    YOU KNOW WHAT YOU'VE GOT TO DRINK TO HAVE SOME FUN


    G#      F#                              G#     F#
TEQUILA  -  HAVE YOU HEARD ABOUT TEQUILA
                                G#
DID YOU THINK ABOUT TEQUILA
F#            G#          F#
IF YOU WANNA DRINK
```

Solo:
```
Solo:  G#                 F#              G#                 F#              ://

       G#    F#    G#    F#    G#    F#    G#    F#

       G#                 F#              G#                 F#

       F#    G#    F#    G#    F#    G# ……...(fade out)
```

(free vocals in the end)
TEQUILA - YOUVE GOT TO DRINK
TEQUILA - YOUVE GOT TO DRINK
TEQUILA - YOUVE GOT TO DRINK
TEQUILA - YOUVE GOT TO DRINK ...

TOO FAR AWAY

Words & Music by

H. LANGE

```
Intro:      Fm    Db    Ab      :// (4x)
            Fm              Bb  Ab
```

```
Fm    Bb      Ab         C
I WAS SITTIN' IN OLD JOE'S BARROOM
Fm        Bb        Ab          C
DRINKIN' WHISKEY LIKE YESTERDAY AND ALL DAYS BEFORE
Fm    Bb          Ab            C              Fm
THEN I SAW  HER, DIDN'T KNOW WHETHER SHE WAS REALLY THERE
              Bb            Ab      C
SHE WAS A  MIXTURE BETWEEN HOLY GHOST AND WHORE
```

```
Fm    Db    Ab      ://
```

```
Fm    Bb        Ab      C
I WAS WALKIN' INTO OLD JOE'S BARROOM
Fm    Bb            Ab        C
I WAS LOOKIN' FOR SOME STUPID FOR PAYIN' MY SCORE
Fm    Db      Bbm        C
HIGH HEELS      AND SHORT SKIRT
Fm            Bb            Ab            C
IF YOU COULD SEE ME YOU WOULD LOVE ME BUT YOU'D CALL ME
```

HORNY DIRT

```
Chorus:
        Fm        Db    Ab      Fm      Db    Ab
         TOO FAR AWAY          TOO FAR AWAY
        Fm        Db    Ab          Fm      Db    Ab
         THIS LONELY DAY   YOU ARE   TOO FAR AWAY
```

```
Fm    Bb    Ab    C    ://
```

```
Fm    Bb        Ab        C
I WAS SITTIN' IN OLD JOE'S BARROOM
Fm                Bb        Ab            C
I'VE SPENT SOME WHISKEY AND I TALKED TO HER ABOUT OUR COMMON
LIFE
Fm        Bb        Ab            C
SHE WAS LAUGHIN', MY HEART STOPPED BURNIN'
Fm            Bb            Ab        C
I COULDN'T HOLD ME BACK WHEN SHE WAS TURNIN'
```

Chorus:
```
    Fm          Db    Ab      Fm      Db    Ab
        TOO FAR AWAY          TOO FAR AWAY
    Fm          Db    Ab          Fm    Db    Ab
        THIS LONELY DAY    YOU ARE    TOO FAR AWAY
```

```
Fm          Bb                  Db
I STOP THIS DIRTY GAME ... DON'T HURT ME ...
        C
HE WILL KILL THIS LITTLE WHORE
Fm          Bb                  Db
AND NOW I'LL DO THE SAME...LET IT BE...
            C
THEY ARE RUNNIN' OUT THE DOOR
Fm                  Bb                      Db
THERE'LL BE NO KIDDIN' WITH THE KIDS NO... MORE I'LL DO THIS...
C                       Db    Eb
PLEASE SHUT UP AND DIE
```

Chorus:
```
    Fm          Db    Ab      Fm      Db    Ab
        TOO FAR AWAY          TOO FAR AWAY
    Fm          Db    Ab          Fm    Db    Ab
        THIS LONELY DAY    YOU ARE    TOO FAR AWAY
    Fm          Db    Eb      Fm      Db    Eb
        TOO FAR AWAY          TOO FAR AWAY
    Fm          Db    Ab          Fm    Db    Ab
        THIS LONELY DAY    YOU ARE    TOO FAR AWAY
```

```
    Fm              Bb  Ab
```

TOO SOON

Words & Music by

H. LANGE

Intro: Em   D   Em   Em   A
          C   Em   Bm   Em   C   B   Em   ://
          A   Em   A   Em
          A   Em   C   B
          Em

Chorus: Em   D   Em
          SOME CALL ME BILL, SOME CALL ME BOB
                 Em   A
          I MOSTLY SLEEP TILL NOON
                   C   Em   Bm   Em
          MY CAR BROKE DOWN, I LOST MY JOB
                   C   B   Em
          MY GIRL SHE DIED TOO SOON

          Em   D
          I DROVE THE BIGGEST CAR ONE BORING DAY
                 C   B
          I WAS CRUISIN' LONG THE STREET
                   Em   D
          THERE WERE SOME HIPS CROSSIN' MY WAY
          C   B
          I GOT THE FEVER, GOT THE HEAT
          Em   D   C   B
          BABY ANNA – SHE WAS SO NICE
                 Em   D
          WHEN I SAW THIS GIRL FOR THE FIRST TIME OF MY LIFE
             C   B   Em
          IT WAS MY FIRST SUNRISE

Interlude: Em   D   Em   Em   A
              C   Em   Bm   Em   C   B   Em

              A   Em   A   Em
          BABY ANNA – SHE WAS SO NICE
          A   Em   C   B   Em
          WHEN I MET HER – MY FIRST SUNRISE

                 Em
          SHE WAS THUNDER, SHE WAS LIGHTNING
                 D
          SHE WAS FIRE, SHE WAS RAIN

```
                C                                           B
SHE WAS LOVE AND HATE AND SHE WAS SO MUCH MORE
                    Em
SHE WAS MY HOPE 'N' DESPERATION
                D
MADE ME FEEL GOOD – GAVE ME PAIN
        C           B               Em
BUT NOW SHE'S LIEIN' DEAD NEXT DOOR
```

```
Chorus:              Em                    D        Em
            SOME CALL ME BILL, SOME CALL ME BOB
                Em                    A
            I MOSTLY SLEEP TILL NOON
                    C           Em    Bm      Em
            MY CAR BROKE DOWN, I LOST MY JOB
                    C         B         Em
            MY GIRL SHE DIED TOO SOON
```

```
Solo:  Em    D    C    B    Em    D    C B Em
```

```
Chorus:              Em                    D        Em
            SOME CALL ME BILL, SOME CALL ME BOB
                Em                    A
            I MOSTLY SLEEP TILL NOON
                    C           Em    Bm      Em
            MY CAR BROKE DOWN, I LOST MY JOB
                    C         B         Em
            MY GIRL SHE DIED TOO SOON
            Em                        D        Em
            SOME CALL ME BILL, SOME CALL ME BOB
                Em                    A
            I MOSTLY SLEEP TILL NOON
                    C           Em    Bm      Em
            MY CAR BROKE DOWN, I LOST MY JOB
                    C         B         Em
            MY GIRL SHE DIED TOO SOON
```


published 2015 on THOUGHTS ON AN ELECTRIC CHAIR (BM 1115)

2016 on LIVE AT DE PUL (BM 1216)

BOGEYMAN MUSIC - BISHOPS AGENCY

TRUE LOVE

Words & Music by

H. LANGE

Intro: C   G/B   Am   C/G

THEY TOLD ME I SHOULD LOVE YOU LIKE I LOVE MYSELF
BUT I LOVE YOU MORE

Chorus:
```
            C                                         F       G
      THEY TOLD ME I SHOULD LOVE YOU LIKE I LOVE MYSELF
      C             Am
      BUT I LOVE YOU MORE
      F         G                             Am  G   F
      I CAN'T EXPLAIN THESE FEELINGS TO THE WORLD
      F           G                   C
      BUT YOU ARE MORE THAN JUST MY WHORE
```

```
         C
WHEN I SAW YOU FIRST TIME NEXT TO MY CAR
      Am
SO BEAUTIFUL AND SMART
F                           G
YOU CROSSED THE STREET IN FRONT OF THAT CLUB
      Am      G       F
YOU SMILED AND BROKE MY HEART
```

```
   C
I TOOK YOU TO A HOTELROOM AND SAID: YOU ARE MY LOVE
   Am
SITTIN' ON THIS LITTLE BED, MY HOOKER AND MY DOVE
F                   G
I KISSED YOUR LIPS AND YOU TOOK MY HAND
      Am      G      F
YES I LOVE YOU TILL THE END
```

```
Instrumental Chorus:    C         F    G
                        C         Am
                        F    G    Am  G  F
                        F    G    C
```

```
C
YOU ARE MY ANGEL, MY LOVE, MY ONLY DREAM
Am
WITHOUT YOU MY LIFE WOULD BE GREY AND STEAM
```

```
F                                 G
YOU KISSED HER LIPS AND SHE TOOK YOUR HAND
       Am          G        F
YES I LOVE HER TILL THE END

Chorus:
              C                                      F        G
        THEY TOLD ME I SHOULD LOVE YOU LIKE I LOVE MYSELF
        C              Am
        BUT I LOVE YOU MORE
        F         G                    Am  G   F
        I CAN'T EXPLAIN THESE FEELINGS TO THE WORLD
        F            G                  C
        BUT YOU ARE MORE THAN JUST MY WHORE

Am                 D/F#                F                    E
AND WHEN THAT LIFE WILL END SOME DAY I KNOW IT'S TRUE
Am             D/F#                F                        E
I HAD THE BEST TIME HERE ON EARTH AND THAT WAS YOU

Chorus:
              C                                      F        G
        THEY TOLD ME I SHOULD LOVE YOU LIKE I LOVE MYSELF
        C              Am
        BUT I LOVE YOU MORE
        F         G                    Am  G   F
        I CAN'T EXPLAIN THESE FEELINGS TO THE WORLD
        F            G
        BUT YOU ARE MORE THAN JUST …
              C                                      F        G
        THEY TOLD ME I SHOULD LOVE YOU LIKE I LOVE MYSELF
        Am                D
        BUT I LOVE YOU MORE
        F         G                    Am  G   F
        I CAN'T EXPLAIN THESE FEELINGS TO THE WORLD
        F            G       F    E    D    B    C
        BUT YOU ARE MORE THAN JUST MY WHORE
```

WHAT I DO TO YOU TONIGHT

Words & Music by

H. LANGE

```
Intro:      A          E          A          B7
            E      A      B :||
            NA-NA-NA-NA-NA-NA
```

```
E                          A
THE SUMMERRAIN ON YOUR SKIN
E                          A
AN EMERALD SMILIN' IN YOUR EYES
F#m                        E
YOUR MOVIN' HIPS DANCIN' THROUGH THE NIGHT
F#m                        B
LET'S TAKE THIS MOMENT BEFORE IT DIES
```

```
Instrumental Chorus:   E      A      B :|| (4x)
```

```
E                              A
YOUR TOUCH ON MY LIPS, I KISS YOUR HAND
E                              A
A DEEP BLUE SEA OF LOVE, WARM BUT HOPELESS SAND
F#m                            E
DON'T THINK ABOUT TOMORROW, THIS NIGHT WILL NEVER END
F#m                            B
YOU ARE THE PASSION I CAN'T STAND
```

```
Chorus:
        E              A     B7   E        A     B7
        DON'T YOU LIKE WHAT I DO TO YOU TONIGHT
        E              A     B7   E        A     B7
        DON'T YOU LIKE WHAT I DO TO YOU TONIGHT
        E              A     B7   E        A     B7
        DON'T YOU LIKE WHAT I DO TO YOU TONIGHT NA-NA-NA-NA-NA-NA
        E              A     B7   E        A     B7
        DON'T YOU LIKE WHAT I DO TO YOU TONIGHT NA-NA-NA-NA-NA-NA
```

```
C#m                G#m        A          G#m
THOSE NIGHTS ARE FAR AWAY, A TOO LONG TIME AGO
C#m        G#m            A              B
NEXT TO MY GRAVE YOU STAY, I LOVE YOU YET, YOU HAVE TO KNOW
```

Chorus:

```
E                        A    B7   E          A    B7
DON'T YOU LIKE WHAT I DO TO YOU TONIGHT NA-NA-NA-NA-NA-NA
E                        A    B7   E       A    B7
DON'T YOU LIKE WHAT I DO TO YOU TONIGHT NA-NA-NA-NA-NA-NA
E
DO YOU KNOW, DO YOU KNOW, DO YOU KNOW
A    B7      E              A    B7
WHAT I NEED TONIGHT NA-NA-NA-NA-NA-NA
E                        A    B7   E
DON'T YOU LIKE WHAT I DO TO YOU TONIGHT NA-NA-NA-(NA-NA-NA)
        A    B7    E
WHAT I DO TO YOU TONIGHT (NA-NA-NA-NA-NA-NA)
        A    B7    E
WHAT I DO TO YOU TONIGHT (NA-NA-NA-NA-NA-NA)
        A    B7    E
WHAT I DO TO YOU TONIGHT (NA-NA-NA-NA-NA-NA)
        A    B7    E
WHAT I DO TO YOU TONIGHT (NA-NA-NA-NA-NA-NA)
```

WILD ROSES

Words & Music by

H. LANGE

Intro: **Bbm**

Bbm   **Ab**
SOME YEARS AGO IN A SUMMERNIGHT
Bbm   **Ab**   **Gb**
I DROVE MY CAR AND THE RADIO PLAYED SONGS OF YESTERDAY
   F   **Bbm** **Eb** **Bbm** **Ab**
I WAS LOOKING FOR A PLACE TO STAY
Bbm   **Ab**
I STOPPED MY CAR IN FRONT OF A PUB
Bbm   **Ab**   **Gb**
I ENTERED THE ROOM AND MY THOUGHTS WERE ALWAYS OF YESTERDAY
 F   **Bbm**
I KNEW I NEED A PLACE TO STAY

Eb   **Bbm** **Eb**   **Bbm**
DO YOU REALLY THINK SO ?   DO YOU REALLY WANNA GO ?

Bbm **Ab**   **Bbm** **Ab**

Bbm   **Ab**
I HAD SOME DRINKS AND I TALKED TO THOSE VILLAGERS
Bbm   **Ab**   **Gb**
WHO NEVER THINK ABOUT ANYTHING ELSE THAN THEIR VALLEY
    F   **Bbm** **Eb** **Bbm** **Ab**
WHILE I WAS LOOKIN' FOR ANOTHER BELLY

Chorus: **Bbm** **Ab**   **Ebm**
WILD ROSES - I ALWAYS TRIED TO CATCH SOME BLOOM OF YOU
    Bbm **Ab**   **Ebm**
WILD ROSES - BUT I KNOW YOU ARE FADING LIKE I DO
    Bbm **Ab**   **Ebm**
WILD ROSES - I ALWAYS TRIED TO CATCH SOME BLOOM OF YOU
    Bbm **Ab**   **Ebm**
WILD ROSES - BUT I KNOW YOU ARE FADING LIKE I DO

Bbm   **Ab**
I SAW THOSE GIRLS YOUNG AND PRETTY
Bbm   **Ab**
THEY WERE IN LOVE AND I STROKED THEIR KITTIES
Gb   **F**   **Bbm** **Eb**
I HAD THOSE BODIES BUT NOW THEY ARE DUST
Bbm   **Ab**
I ALWAYS LOOKED FOR SOME PRETTY FACES

```
Bbm                              Ab
FOR BODIES AND BELLIES, FOR SWEET SMELLS AND TASTES
Gb                                              F
I THOUGHT THESE THINGS COULD HOLD ME YOUNG
Gb                               F
YOU HAVE TO UNDERSTAND WHAT I HAVE DONE
Gb                    Ab
BUT NOW I HAVE TO USE MY SPANISH GUN
```

```
Chorus:   Bbm  Ab        Ebm
          WILD ROSES - I ALWAYS TRIED TO CATCH SOME BLOOM OF YOU
          Bbm  Ab        Ebm
          WILD ROSES - BUT I KNOW YOU ARE FADING LIKE I DO
          Bbm  Ab        Ebm
          WILD ROSES - I ALWAYS TRIED TO CATCH SOME BLOOM OF YOU
          Bbm  Ab        Ebm
          WILD ROSES - BUT I KNOW YOU ARE FADING LIKE I DO
```

```
Solo:  Bbm        Ab        Bbm       Ab

       Gb         F         Bbm       Eb

       Bbm        Ab        Bbm       Ab

       Gb         F         Gb        Ab
```

```
Chorus:   Bbm  Ab        Ebm
          WILD ROSES - I ALWAYS TRIED TO CATCH SOME BLOOM OF YOU
          Bbm  Ab        Ebm
          WILD ROSES - BUT I KNOW YOU ARE FADING LIKE I DO
          Bbm  Ab        Ebm
          WILD ROSES - I ALWAYS TRIED TO CATCH SOME BLOOM OF YOU
          Bbm  Ab        Ebm
          WILD ROSES - BUT I KNOW YOU ARE FADING LIKE I DO

          Bbm        Ab        Bbm
```

published 2003 on SWEAT (BM 0503)

BOGEYMAN MUSIC - BISHOPS AGENCY

WON'T YOU BE

Words & Music by

H. LANGE

Intro: B   Abm   B   Abm

B   Abm   B   Abm
SOME WEEKS BEFORE I SAW YOU WALKIN' DOWN THE STREET
B   Abm   B   Abm
IT WAS IN WINTER BUT I FELT THAT BURNIN' HEAT
E   Gb   Abm   Gb   E
I TRIED TO CALL YOU BUT MY VOICE BROKE DOWN
Dbm   Gb
I LOST YOUR TRACE AND I HAVEN'T FOUND

B   Abm   B   Abm   Gb
SUG-SUG-SUGAR SUG-SUG-SUGAR SUG-SUG-SUGAR SUG-SUG

B   Abm   B   Abm   Gb
AND YESTERDAY I FELT YOUR PRESENCE NEXT TO ME
B   Abm   B   Abm   Gb
I TURNED MY HEAD AND AT ONCE I HAD TREMBLIN' KNEES
E   Gb   Abm   Gb   Gb
I TRIED TO TALK TO YOU BUT I DIDN'T KNOW WHAT TO SAY
Dbm   Gb
YOU LEFT THIS PLACE AND I HAD TO STAY

Chorus:
B   Abm   E   Gb
WON'T YOU BE MY BABY   WON'T YOU BE MY DOVE
B   Abm   E   Gb
IF YOU'D COME ON TUESDAY   I WOULD GIVE YOU LOVE
Abm   Gb   E
TELL ME WON'T YOU STAY WITH ME ALL NIGHT

Interlude:
Abm   B   Gb   E   *(4x with melody)*

Abm   B   Gb   Dbm
NA-NA-NA-NA-NA....
Abm   B   Gb   E
NA-NA-NA-NA-NA....
Abm   B   Gb   Dbm
NA-NA-NA-NA-NA....
Abm   B   Gb   E
NA-NA-NA-NA-NA....